W0089895

Mannheim

Helmuth Bischoff

Diese Symbole im Buch verweisen auf den großen Cityplan!

DUMONT
direkt

Willkommen

15 x Mannheim direkt erleben

Zu Gast in Mannheim

Willkommen
Mein heimliches Wahrzeichen

Auf dem kleinen Platz an der Ecke Beilstraße/Böckstraße im Jungbuschviertel sieht man keine blonden Kinder. Die Jungs dort nehmen wenig Notiz von dem Denkmal, das die Männer ehrt, die einst die Neckarschiffe entluden und die Säcke um eine Brücke herum trugen, um damit Rheinschiffe zu beladen. Die Statue von Gerd Dehof versinnbildlicht, dass vieler Leute harte Arbeit die Grundlage für Wohlstand war. Die Mannheimer wissen das und sind stolz darauf, in einer ›Arbeiterstadt‹ zu wohnen.

Erste Orientierung

Die Aussichtsplattform des **Fernmeldeturms** (▶ E 4/5) am Luisenpark bietet eine höhere Sicht auf die Dinge: 121 m über dem Meeresspiegel reichen aus, um mit alten Klischees schnell aufzuräumen. Denn der Blick von hier oben rückt die ›mausgraue Industriestadt Mannheim‹ in die Geschichtsbücher und zeigt eine überraschend grüne Aktualität. Die Fabrikschlote sind weg, große Parks, Gärten, Flüsse und ein harmonisches Stadtbild liegen dem Betrachter zu Füßen. Und wenn die Bundesgartenschau 2023 in Mannheim wahr wird, dann wird das grüne Band, das sich durch die Stadt zieht, noch breiter. Was da unten halbrund um den Wasserturm liegt, heißt **Friedrichsplatz** (▶ Karte 2, C/D 5) und gilt als größte Jugendstilanlage Europas. Als repräsentatives Ensemble ist es ein bürgerlicher Gegenentwurf zum Mannheimer Schloss, ehemals kurfürstliche Residenz und Musenhof von europäischem Rang. – Ein völlig neuer Stadtteil wächst gerade mit dem **Glückstein-Quartier** auf dem ehemaligen Bahngelände heran (▶ C/D 6). Hier werden Büros für 4600 Menschen und hochwertige Wohnungen für 1500 Bewohner geschaffen.

Die Quadrate ▶ Karte 2

(Innenstadt) B 4/5–C 4/5

Die Mannheimer Innenstadt liegt in einer Gabelung, die sich durch den Zusammenfluss von Rhein und Neckar ergibt. Den Abschluss zur Rheinseite bildet das **Schloss** (▶ Karte 2, B/C 5), dem städtebaulich eine deutliche Leitfunktion zukam. Im frühen 17. Jh. wurde die Innenstadt mit einem gitterförmigen Straßennetz angelegt, das

Schloss hundert Jahre später als ›Krone der Stadtanlage‹ dazugebaut.

Auch bei der nicht leicht zu verstehenden Benennung der Innenstadtstraßen spielt das Schloss die maßgebliche Rolle, denn der am nächsten gelegene Straßenzug wird von den A-Quadraten gebildet. Linker Hand der Breiten Straße sind die Quadrate vom Schloss bis zum Neckar von ›A‹ bis ›K‹ aufsteigend benannt. Dann geht es rechter Hand der Breiten Straße in Schlossnähe mit ›L‹ weiter, um bis ›U‹ aufzusteigen. Die Ziffern der Quadrate (also A1, A2, A3 etc.) steigen mit der Entfernung der Quadrate zur Breiten Straße auf.

Die Hausnummern werden wie folgt gezählt: Die zum Schloss weisende Straßenecke trägt die Hausnummer 1. In den Quadraten A bis K steigen die Nummern gegen den Uhrzeigersinn auf, in den Quadraten L bis U im Uhrzeigersinn. Gewohnt wird heute in den Quadraten weniger als gebummelt und ausgegangen. Auch der Komplex der Reiss-Engelhorn-Museen hat hier seinen Platz.

Jungbusch ▶ B 3/4

Unmittelbar am Zusammenfluss von Rhein und Neckar gelegen, war der Jungbusch ein prosperierendes und mit schönen Stadthäusern bebautes Viertel, solange die Flüsse als Handelswege große Bedeutung hatten. Die Kette der Veränderungen in diesem Viertel: Der Exodus besser betuchter Schichten schuf Leerstände, die in den 1960er-Jahren in großem Stil von Arbeitsmigranten (Italiener, Spanier, Türken) aufgefüllt wurden. Prostitution gehörte länger schon zum Leben im Jungbusch, jetzt verstärkt. Doch seit 2003, dem Gründungsjahr der

Popakademie, hat der Jungbusch durch eine alternative Szene ein bisschen ›Kreuzberger Charakter‹ angenommen.

Schwetzinger Vorstadt und Oststadt ▶ C–E 5/6

Im unmittelbaren Anschluss an die Innenstadt trennt die große Verkehrsachse der Augustaanlage – eigentlich als Boulevard angelegt – zwei sehr unterschiedliche Stadtteile. Im Südwesten des Straßenzugs liegt die **Schwetzingerstadt** oder **Schwetzinger Vorstadt**, vormals Gartenland, im späten 19. Jh. ein Mischgebiet aus Gewerbe und Wohnvierteln, in jüngster Zeit ein beliebtes Wohn- und Ausgehviertel mit empfehlenswerten Shops, Bars, Cafés und Restaurants. Ganz anders präsentiert sich die **Oststadt** auf der anderen Seite der Augustaanlage. Das vornehme Stadtviertel grenzt an den großen Lui-

senpark und war ein Geschenk, das sich erfolgreiche Unternehmer zum 300. Stadtgeburtstag Mannheims um 1907 selbst machten. Nach dem Motto ›Schöner Wohnen‹ schufen sie sich ein Viertel mit Jugendstilvillen, Palais und vornehmen Mehrfamilienhäusern.

Neckarstadt ▶ B–D 2/3

Jenseits des Neckars haben die großen Industriebetriebe ihren Platz. Das im 19. Jh. dazu gebaute Wohngebiet versammelt deutsche und ausländische Arbeiterfamilien. Gleich nach der Neckarbrücke, in der Gegend um den Alten Messplatz, haben sich das Veranstaltungshaus **Alte Feuerwache** (s. S. 61) und das ehemalige **Kino Capitol** (s. S. 62), heute eine populäre Kleinkunst- und Varietebühne, zu den ›Leuchttürmen‹ eines lebendigen Ausgehviertels entwickelt.

Übersicht über die Mannheimer ›Quadrate‹

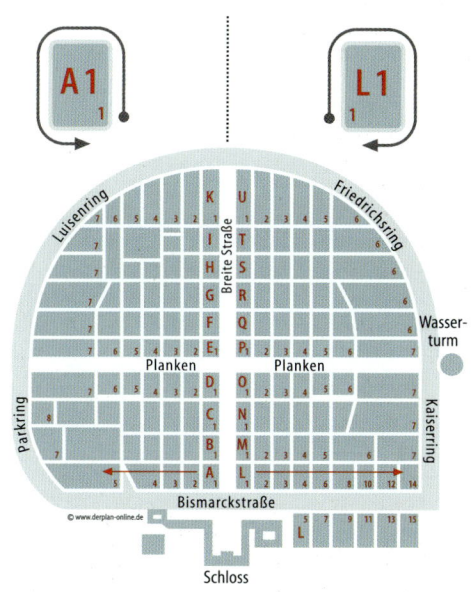

Was denn nun?

So richtig festlegen mag sich da niemand: Mannheim musste sich schon viele Beinamen gefallen lassen, aber Bestand hat eigentlich nur ›Quadratestadt‹ als Hinweis darauf, dass man hier mit der Adresse T2, 4 oder Q7, 3 wohnen kann und etwas Übung braucht, um die in Planquadrate aufgeteilte Innenstadt zu verstehen. Es ist eben ein bisschen wie das berühmte Spiel ›Schiffe versenken‹, nur dass bei den Treffern mitunter sehr interessante Namen und Adressen aufpoppen. O 5: Treffer, Engelhorns großer Modepalast an den Planken. E2, 8: Treffer, Café Herrdegen mit berühmtem Baumkuchendessert usw.

Andere Beinamen treffen die Sache nur halb. Das mit der ›Arbeiterstadt‹ trifft in ganz hohem Maße zu, wenn man Mannheim mit der Universitätsstadt Heidelberg vergleicht, aber schon weniger, wenn man zum Vergleich die Nachbarstadt Ludwigshafen wählt, deren Entwicklung so deutlich vom BASF-Konzern dominiert wurde. Außerdem hatte Mannheim schon vor der Industrialisierung den Ruf eines ›Musenhofes von europäischem Rang‹ erworben und sich vom scheidenden Kurfürsten Carl Theodor, als dieser seine Residenz schon nach München verlegt hatte, 1779 ein formidables Nationaltheater schenken lassen.

Und damit waren auch wichtige Grundlagen dafür gelegt, dass Mannheim 230 Jahre später auf die Idee kam, seinen Hut als »Europäische Kulturhauptstadt 2025« in den Ring zu werfen. Das erscheint vielleicht manchem etwas hoch gegriffen, aber als ›kleine Schwester Berlins‹, wie die hier ansässige Modemacherin Dorothee Schumacher Mannheim nennt, braucht sich die Stadt hinsichtlich ihres Kulturangebots und ihrer Weltoffenheit wahrlich nicht zu verstecken. Dass sich die US-Streitkräfte 2015 vom Standort Mannheim verabschieden, erleben in diesem Zusammenhang viele Einheimische als Verlust.

Ach ja, da ist auch noch das Label »Einkaufsstadt Mannheim«. Dass es zutrifft, macht die Einzelhändler aus Heidelberg seit Jahr und Tag eifersüchtig. Was gäben sie dafür, wenn ihnen jemand ein patentes Rezept verriete, wie man die Ströme der Kleidung kaufenden Odenwälder und Pfälzer von den Planken als besonderer Shoppingmeile in die Heidelberger Hauptstraße umleiten könnte.

Und beim Thema »Kongress-Stadt Mannheim« verhält es sich nicht anders. Hat sich das moderne Mannheimer Veranstaltungszentrum Rosengarten in den vergangenen 15 Jahren zu einem der erfolgreichsten deutschen Kongressorte entwickelt, so hat man in Heidelberg die gleiche Zeit dafür genutzt, darüber ergebnislos zu diskutieren, wo und wie eine neue Kongresshalle gebaut werden soll.

Die Welt auf Räder gestellt

Genug der Mannheimer Beinamen, die es alle nicht so ganz treffen. Nehmen wir einfach ein paar Adjektive dazu und beginnen mit ›erfinderisch‹. Besonders bei der Standortwerbung zeigen sich ja alle Städte gern als ›eigentlich schon immer innovativ‹. Den Beweis dafür liefern Erfinder und Gründer, die dort geboren sind oder gewirkt haben. Mannheim braucht seine diesbezügliche Liste nicht zu verstecken. Hier ist sie: Freiherr von Drais entwickelte mit der Draisine das erste Zweirad und damit den Vorläufer des Fahrrades. Die Jungfernfahrt führte am 12. Juni 1817 von Mannheim nach Rheinau, heute ein Stadtteil.

Die erste Probefahrt mit einem Automobil fand knapp 70 Jahre später ebenfalls in Mannheim statt. Der Ingenieur Carl Benz hatte in seiner Werkstatt im Quadrat T6 so lange an der Motorisierung einer Kutsche herumgebastelt, bis das weltweit erste Auto mit seinen 0,8 PS fahrbereit war. Und Heinrich Lanz brachte für alle Landwirte den maschinellen Ersatz für den Ackergaul zur Welt. Er gründete eine Landmaschinenfabrik, in der 1921 die ersten Traktoren produziert wurden. Den Mannheimern sollte es aber nicht genügen, die Welt

auf Räder zu stellen. Mit Julius Hatry kam 1906 hier ein weiterer Ingenieur auf die Welt; Ende der 1920er-Jahre sollte er zu den Pionieren des Raketenbaus gehören. Weil er einen jüdischen Vater hatte, musste Hatry seine Forschungen auf Befehl der Nationalsozialisten einstellen.

Jüngeren Datums sind die Gründung des SAP-Konzerns und die Erfindung des Spaghetti-Eises, beide ebenfalls aus Mannheim kommend. SAP, kurz nach der Gründung im Jahr 1972 nach Walldorf umgezogen, sorgt durch geeignete Software für eine moderne Arbeitsgrundlage vieler Unternehmen. Dario Fontanella trat 1969 als Gründer des Spaghetti-Eises in Erscheinung und nebenbei als Patron einer Mannheimer Eisdielendynastie. Für beides hat er ein großes und dankbares Publikum gefunden.

Die Softwareschmiede SAP wurde in Mannheim gegründet und bleibt der Stadt verbunden

Musste nach dem Krieg wieder aufgebaut werden: das Nationaltheater Mannheim

So ein Theater

›Kreativ‹: Aus dieser Schublade zaubern die Mannheimer zum Beispiel ihr weit über die Stadtgrenzen hinaus geschätztes Nationaltheater und Kleinkunstbühnen wie die Klapsmühl, das Schatzkistl oder das Capitol. Das Nationaltheater wurde 1779 eröffnet und gilt heute als weltweit größtes und ältestes kommunales Vierspartenhaus. Schauspiel, Oper, Ballett sowie Kinder- und Jugendtheater ziehen jährlich ca. 350 000 Besucher an. Etwas jünger, aber 2012 auch schon 30 Jahre alt, ist die 1982 gegründete Kleinkunstbühne ›Klapsmühl am Rathaus‹. Mit Programmtiteln wie »Zeitgeisterbahn« macht das Ensemble ›Dusche‹ genau-

so viele Jahre aktuelles und rotzfreches Kabarett.

Und wer sich zwischen November und Februar in Mannheim aufhält, sollte nicht versäumen, sich Karten für »Dinner for one ... wie alles begann« im Kellertheater ›Schatzkistl‹ zu besorgen. Unter dem Gejohle des Publikums geht es hier seit Jahren auf der kleinen Bühne um eine Casting-Show für den berühmten Silvester-Ulk.

Vom Theater zum Thema Film ist es nicht weit. Beim Internationalen Filmfestival Mannheim-Heidelberg ist zwar nicht der Berliner Bär los, aber das Festival kommt gleich nach Berlin an zweiter Stelle. Jährlich im November sind die Städte Mannheim und Heidelberg für

Mannheim und die Musik

Wenn von Mannheimer Festivals die Rede ist, muss natürlich auch der Name Enjoy Jazz dabei sein. Das seit 1999 in Mannheim, Ludwigshafen und Heidelberg jeweils im Herbst mehrwöchig veranstaltete Festival hat eine glanzvolle Erfolgsstory geschrieben und ist zum Stelldichein internationaler Jazz-Größen geworden.

Überhaupt: Mannheim und die Musik – aus diesem Thema lassen sich lange und spannende Geschichten stricken, die alle mit der ›Mannheimer Schule‹ beginnen und vorläufig bis zur Popakademie reichen. Die berühmt gewordene Mannheimer Schule war zunächst eine Violin- und Orchesterschule, die Johann Anton Wenzel Stamitz gründete und in den Jahren 1743–1777 zu europäischem Rang führte. Später stand der Name auch für eine Kompositionsschule, die das Barocke in der Musiksprache überwand.

Mit der Popakademie, einem 2003 ins Leben gerufenen Novum in der Ausbildungswelt, ist der wohl wichtigste Impulsgeber des jungen Mannheim genannt. Mannheim als ›deutsche Pop-Hauptstadt‹ – ein solches Label legt man sich nicht über Nacht zu. Wer den Kinofilm »Mannheim/New York – auf der Suche nach dem magischen Riff« gesehen hat, kennt die Stationen der jüngeren Mannheimer Musikgeschichte: Nach dem Zweiten Weltkrieg brachten die vielen Clubs der amerikanischen Soldaten den Jazz in die Stadt. Joy Fleming hat in diesen Clubs ihre Stimme trainiert, und in der damaligen Jazztanzdiele in H3, 3 waren Größen wie Wolfgang Lauth, Albert und Emil Mangelsdorff und der legendär gewordene Saxophonist Hans ›Dottler‹ Laib über Jahre am Werk.

Im musikalischen Gewächshaus Mannheim ging es auch in den folgen-

zehn Tage ein Mekka für Cineasten. Seit 1952 finden junge Regisseure in Mannheim ein großes Publikum und die Aufmerksamkeit einer hochkarätig besetzten Jury. Spielstätten sind das Stadthaus N1 sowie die Kinos ›Atlantis‹ und ›Cinema Quadrat‹ (www.iffmh.de). Vor wenigen Jahren wurde das Festival auch auf Heidelberg ausgeweitet.

Die Veranstalter gründeten 2005 mit dem Festival des Deutschen Films eine weitere erfolgreiche Reihe, die jeweils im Juni vor wunderschöner Kulisse auf der Parkinsel stattfindet, die Ludwigshafen im Rhein vorgelagert ist (www.festival-des-deutschen-films.de). Wer es einrichten kann, sollte dieses Festival einmal miterleben.

den Jahrzehnten munter weiter: Jule Neigel und Band, die Mitglieder der Grönemeyer Band, die Mardi Gras Brass Band, Laith Al Deen und schließlich Xavier Naidoo mit den Söhnen Mannheims … alles Namen, die man aus den deutschen und internationalen Charts kennt.

Kulturelle Vielfalt

Die große Musikszene und 28 000 Studenten prägen das Stadtbild nicht nur durch entsprechende Studios, Produktionsfirmen und Ausbildungsstätten, sondern vor allem durch ein breit gefächertes Angebot an Kultur- und Unterhaltung inklusive der dazugehörigen Veranstaltungsorte und Kneipen. Bei dieser unkomplizierten und nirgends künstlich wirkenden Dynamik passt es gut ins Bild, dass Mannheim auch zu einem internationalen Schmelztiegel geworden ist. Mannheim ist etwa gleich alt wie New York und hat mit der amerikanischen Metropole neben dem regelmäßigen Straßenraster der Innenstadt in der Offenheit gegenüber Fremden eine weitere Gemeinsamkeit. Schon im Gründungsbuch der Stadt waren die Privilegien für Ansiedler mehrsprachig verfasst, um Zuwanderer aus ganz Europa anzuziehen. Mit Ausnahme der Zeit des Nationalsozialismus, in der die vormals bedeutende und kulturell gut integrierte jüdische Gemeinde grausam dezimiert wurde, ist die Integrationskraft eine Konstante in der Mannheimer Stadtgeschichte.

Derzeit leben Menschen aus 177 verschiedenen Herkunftsländern im Stadtgebiet zusammen. Dabei fühlt sich nie-

Daten und Fakten

Bevölkerung: Mit ca. 328 000 Einwohnern ist Mannheim die größte Stadt der Rhein-Neckar-Region. Freundlichkeit gegenüber Fremden gehört zu den Konstanten der Mannheimer Stadtentwicklung. Heute leben hier 129 400 Menschen mit Migrationshintergrund (ca. 39,4 % der Wohnbevölkerung) aus 177 Nationen. Mehr als 28 000 Studenten verteilen sich auf 13 Hochschulen.

Lage und Fläche: Mannheim liegt am Zusammenfluss von Rhein und Neckar und ist von Ferienlandschaften mit hohem Freizeitwert umgeben. Im Osten sind dies die Bergstraße und der Odenwald, im Westen die Weinstraße und der Pfälzer Wald. Für ein großes Umland gilt Mannheim als bevorzugte Einkaufsstadt. Die Nachbarstadt Heidelberg ist über die A 656 in ca. 15 Min. erreicht. Als Schnittpunkt im europäischen Straßennetz, Drehscheibe des Bahnverkehrs und bedeutender Handelshafen ist die Stadt in jeder Hinsicht gut vernetzt.

Verwaltung: Von 48 Sitzen im Gemeinderat erhielten bei den Wahlen 2014: SPD 13, CDU 12, Grüne 8, Freie Wähler 4, AfD 4, Die Linke 2, FDP 2, MfM Mittelstand für Mannheim 1, NPD 1. Dem seit 2007 amtierenden Oberbürgermeister Peter Kurz (SPD) werden für die Neuwahlen im Juni 2015 gute Chancen eingeräumt, für weitere acht Jahre Amtszeit OB zu bleiben.

Wirtschaft: Mannheim ist das Zentrum der Metropolregion Rhein-Neckar, dem siebtgrößten Wirtschaftsraum Deutschlands. Zu den namhaften Unternehmen, die hier ihre Zentrale oder wichtige Niederlassungen haben, gehören ABB, Bilfinger Berger, Daimler, Fuchs Petrolub, John Deere, Mannheimer Versicherungen, Roche Diagnostics, Siemens und Südzucker.

mand überfremdet. Im Gegenteil: Bauten wie die große und für jedermann begehbare Sultan-Selim-Moschee, das Kulturhaus der Deutschen Sinti und Roma sowie die Neue Synagoge werden von den Mannheimern ebenso als Bereicherung erfahren wie das international geprägte gastronomische Angebot und die Vielzahl an Einkaufsläden, in denen jeder Käufer geduzt wird. Niemand verkörpert dieses junge und internationale Mannheim mit mehr Charme und Witz als der ›Mannemer Türk‹ und Comedian Bülent Ceylan.

Auf ein Neues

Einen wichtigen Impuls gab die 1975 in Mannheim ausgerichtete Bundesgartenschau der städtischen Entwicklung. Der Luisenpark wurde damals stark ausgeweitet und aufgewertet. Der Fernmeldeturm mit seinem Drehrestaurant wurde gebaut. Und in der Innenstadt gab es auf den Planken sowie in der Breiten Straße zu diesem Anlass eine große Fußgängerzone.

Durch den Abzug der US-Truppen aus Mannheim, der 2015 bis auf wenige Flächen vollzogen ist, wurden ca. 500 ha Stadtraum neu verfügbar. Zu den Planungsschwerpunkten der Flächenkonversion gehört die Ausrichtung der Bundesgartenschau im Jahr 2023. Das dazu vorgesehene Gelände ist als ein großer durchgehender Grünzug geplant, der im Stadtgebiet den Rhein und den Neckar verbinden soll (interessant: www.konversion-mannheim.de).

Wappen und Wahrzeichen der Stadt Mannheim

Das Mannheimer Stadtwappen verkörpert eine Ziegelform mit nach unten zeigendem Halbrund. Die Fläche ist vertikal zweigeteilt. Links symbolisiert ein roter Doppelhaken auf gelbem Feld das Gemeinwesen, rechts ist der doppelgeschwänzte pfälzische Löwe abgebildet. Ein offizielles Wahrzeichen der Stadt gibt es nicht. Wenn in Bildberichten über Mannheim die Rede ist, kommt jedoch dem Wasserturm auf dem Friedrichsplatz am häufigsten eine Symbolfunktion zu.

Umwelt

Im Jahr 2009 hat der Gemeinderat einstimmig eine »Klimaschutzkonzeption 2020« beschlossen. Damit verbindet sich ein weitreichender Aktionsplan mit 60 Einzelmaßnahmen in den Bereichen Energie und Verkehr, der bis 2020 umgesetzt werden soll. Die Mannheimer Klimaschutzkonzeption setzt dort an, wo besonderes Einsparpotenzial an CO_2-Ausstoß in privaten Haushalten, Industrie und Gewerbe besteht. Die Stadtverwaltung will in Zusammenarbeit mit allen Akteuren bis 2020 eine Minderung von 40 Prozent CO_2-Ausstoß im Vergleich zu 1990 erreichen. Die Maßnahmen sind auf unterschiedlichsten Handlungsebenen angesiedelt.

Umweltschutz bezieht sich in Mannheim aber auch auf Aspekte wie Lärmminderung, Natur- und Artenschutz, Wasser und Abwasser. Oft wird durch das Label ›Industriestadt‹ übersehen, dass Mannheim im Stadtgebiet zu mehr als einem Drittel aus Naturraum besteht.

Geschichte, Gegenwart, Zukunft

Vom Dorf Mannenheim zur Stadt

Im Urkundenbuch des Klosters Lorsch wird das Dorf Mannenheim im Jahr 766 erstmals erwähnt. Bis ins späte 16. Jh. bleibt das Dorf durch Land- und Viehwirtschaft geprägt. Als Mannheim 1607 zur Stadt wird, erscheinen die »städtischen Privilegien« in mehreren Sprachen. Sie sollen Zuwanderer aus ganz Europa anziehen.

Die Zeit der Zerstörungen

Das im 30-jährigen Krieg (1618–1648) zerstörte Mannheim wird ab 1652 zunächst wieder aufgebaut. Der Wiederaufbau umfasst bei 6500 Einwohnern rund 100 Gastwirtschaften und 25 Brauereien. 1660 begünstigt eine »Judenkonzession« die Niederlassung jüdischer Familien. Eine erneute Zerstörung Mannheims bringt der Pfälzische Erbfolgekrieg. Französische Truppen machen die Stadt 1689 dem Erdboden gleich.

Mannheim als glanzvolle Residenz

Kurfürst Carl Philipp verlegt 1720 die Residenz von Heidelberg nach Mannheim und lässt hier ein Residenzschloss nach dem Vorbild von Versailles errichten. Mit Carl Theodor betritt 1742 ein Kurfürst die Bühne, der Mannheim zur Musenstadt von europäischem Rang macht. Die »Mannheimer Schule« steht europaweit für grandiose Orchestermusik. 1763 stiftet Kurfürst Carl Theodor die kurpfälzische Akademie der Wissenschaften. 1769 kommt Goethe erstmals nach Mannheim. Um die bayerische Erbschaft antreten zu können, verlegt Carl Theodor 1778 die Residenz nach München, was die Bedeutung Mannheims deutlich schmälert. Daran ändert auch das 1779 vom Kurfürsten an Mannheim geschenkte Nationaltheater nicht viel, in dem Schiller 1782 bei der Uraufführung der »Räuber« gefeiert wurde.

Aufstieg als Industriestadt

Als Wirtschaftsstandort und Handelshafen erlebt Mannheim im 19. Jh. einen großen Aufschwung. 1817 stellt Karl Drais der Öffentlichkeit seine Laufmaschine, ein Vorläufer des Fahrrades, vor. 1840 ist der Bau des Rheinhafens abgeschlossen. Im gleichen Jahr wird die Linie Mannheim-Heidelberg als erste badische Bahnstrecke eröffnet. 1865 ist das Gründungsjahr der BASF. Da sich Stadt und Unternehmen nicht über den Standort der Fabrikanlagen einigen können (vorgesehen war das Gelände des heutigen Luisenparks), bleibt der Firmensitz zwar bis 1925 in Mannheim, die Fabrikanlagen werden aber jenseits des Rheins in Ludwigshafen errichtet.

1872 verlegt Christian Friedrich Boehringer sein Pharmunternehmen von Stuttgart nach Mannheim. 1881 steht das erste Mannheimer Telefonnetz mit 47 Teilnehmern. Und 1883 gründet Carl Benz die Firma Benz & Co. Die Geburtsstunde des Autos datiert drei Jahre später, und 1888 erhält Carl Benz den ersten Führerschein der Welt.

Parallel zur Wirtschaftsgeschichte wird Mannheim bis 1850 ein Zentrum der deutschen Demokratieentwicklung und in der zweiten Hälfte des 19. Jh. der Arbeiterbewegung. Von 1885 bis 1918 ist die SPD die stärkste politische Kraft.

Kultur als Entwicklungsimpuls

1907 feiert Mannheim sein 300-jähriges Bestehen als Stadt und schenkt sich dazu die große Jugendstilanlage am Friedrichsplatz mit dem Veranstaltungszentrum Rosengarten und der großen Kunsthalle. Es folgt das schlimme Kapitel des Nationalsozialismus: 2000 Mannheimer Juden landen im Internierungslager Gurs/Frankreich und werden vielfach in KZs weitertransportiert. Im Zweiten Weltkrieg werden bei mehr als 150 Luftangriffen große Teile der Stadt zerstört. Aus der Asche auferstanden, partiziert Mannheim in den 1960er-Jahren am deutschen Wirtschaftswunder und wird zur gern besuchten Einkaufsstadt. Ein wichtigen Beitrag zu diesem ›Wunder‹ lieferten die vielen Gastarbeiter, die erst aus Italien und Spanien, dann vor allem aus der Türkei nach Mannheim kamen. Inzwischen leben hier 177 Nationalitäten, was einerseits eine Herausforderung für Schulen und andere städtischen Einrichtungen bedeutet, andererseits aber die Alltagskultur der Stadt mit Geschäften, Restaurants und Kulturinitiativen bereichert. So hat die Bewerbung Mannheims um den Titel der Europäischen Kulturhauptstadt 2025 ein gutes Fundament in einer facettenreichen, internationalen Stadtkultur.

Mannheim ist Mode

Ob in den großen Modehäusern an den Planken, in eleganten Boutiquen oder in frechen Shops der Nebenstraßen: Man merkt schnell, dass die Stadt zum Thema ›Mode‹ einiges zu bieten hat.

Das beweisen auch die drei Mode-Designerinnen Katrin Leiber, Lina Heckmann und Dorothee Schumacher, die hier ihre Kollektionen entwerfen, um sie auf der ganzen Welt zu verkaufen.

Dorothee Schumacher fing 1989 als Modemacherin an. Sie beschäftigt heute rund 140 Mitarbeiter und gehört zu den internationalen Größen ihres Fachs.

Noch heute schmückt man sich in Mannheim gern mit Friedrich Schiller

Anreise

… mit dem Flugzeug

Vom **Flughafen Frankfurt** ist Mannheim nach 70 Autobahnkilometern erreicht. Außer den guten Zugverbindungen gibt es auch regelmäßige Verbindungen vom Flughafen Frankfurt zum Zentralen Omnibusbahnhof Mannheim (ZOB), die Anfang 2015 vor allem von ›Mein FernBus‹ angeboten werden, die einfache Fahrt für durchschnittlich 6 €. Der Bus fährt von Mannheim wochentags ab 8.55 Uhr (an Wochenenden ab 10.55 Uhr) viermal am Tag, vom Flughafen Frankfurt nach Mannheim ebenfalls viermal täglich und braucht jeweils etwas mehr als eine Stunde. Zeiten und Buchungen auf www.meinfernbus.de/staedte/bus-ab-mannheim.

Knapp 1,5 Stunden braucht man mit dem PKW für die Strecke zwischen Mannheim und dem **Flughafen Frankfurt-Hahn.** Auch diese Strecke wird von einem Shuttlebus bedient. Er verkehrt 4 x tgl. in beide Richtungen. 2015 kostete die Einzelfahrt 20 €, hin/zurück 36 €. Tickets gibt es im Bus. Aus- und Einstieg in Mannheim neben dem Hauptbahnhof im ZOB. Genaue Zeiten der jahreszeitlich unterschiedlichen Fahrpläne auf www.hahn-express.de

Am Flugplatz in **Mannheim-Neuostheim** unterhält die Gesellschaft ›Rhein-Neckar-Air‹ eine regelmäßige Flugverbindung nach Berlin-Tegel (Mo–Fr 2 x pro Tag Hin- und Rückflug) und nach Hamburg (Mo u. Fr 1 x am Tag, Di, Mi, Do 2 x am Tag Hin- und Rückflug). Das Angebot wird zumeist von Geschäftsreisenden genutzt. Details auf www.flugplatz-mannheim.de.

… mit dem Zug

Den Mannheimer **Hauptbahnhof,** am Rande der Innenstadt gelegen, passieren täglich fast 200 ICE-, IC-, EC- und IR-Züge. Fahrzeiten nach und von Mannheim: Stuttgart ca. 40 Min., Frankfurt ca. 45 Min., Köln ca. 90 Min., München ca. 3 Std.

… mit dem Bus

Mannheim verfügt über einen modernen **Zentralen Omnibusbahnhof (ZOB),** der in unmittelbarer Nachbarschaft zum Hauptbahnhof, in der Heinrich-von-Stephan-Straße 6, errichtet wurde. Für europäische Fernbuslinien ist Mannheim schon länger eine der meistangefahrenen Städte Deutschlands. Das Netz des innerdeutschen Linienverkehrs wird im Frühjahr 2015 weiter ausgebaut.

Die Website des ZOB Mannheim (www.busstop-mannheim.de) informiert über die nationalen und internationalen Verbindungen.

… mit dem Auto

Mannheim ist ein Schnittpunkt von zwei internationalen (E 35, E 50) und fünf nationalen Autobahnen (A 5, A 6, A 61, A 65 und A 67). Die A 656 verbindet Mannheim mit Heidelberg. Von den jeweiligen Abfahrten ist das Stadtzentrum in 10 bis 20 Min. erreicht. Ein leicht verständliches Parkleitsystem erleichtert die Parkplatzsuche in der Innenstadt. Eine Gratis-App (s. S. 18) zeigt freie Parkplätze an. Alle, die Mannheim mit dem Auto besuchen, benötigen in der Innenstadt und den angrenzenden Stadtteilen seit Januar 2013 eine grüne **Feinstaubplakette.**

Feiertage

An folgenden Tagen haben die Geschäfte in Mannheim geschlossen und die öffentlichen Verkehrsmittel sowie öffentliche Einrichtungen (Schwimmbäder, Museen etc.) geänderte Zeiten: Neujahrstag (1. Jan.), Heilige Drei Könige (6. Jan.), Karfreitag, Ostermontag, Tag der Arbeit (1. Mai), Christi Himmelfahrt, Pfingstmontag, Fronleichnam, Tag der Deutschen Einheit (3. Okt.), Allerheiligen (1. Nov.), Erster Weihnachtstag (25. Dez.) und Zweiter Weihnachtstag (26. Dez.). Mit geänderten Öffnungszeiten der Geschäfte ist auch Rosenmontag und Heiligabend (24. Dez.) zu rechnen.

Feste und Festivals

lesen.hören: Das jährlich von Mitte Feb. bis Anfang März in der Alten Feuerwache stattfindende Literaturfest ist nicht nur wegen Schirmherr Roger Willemsen schnell populär geworden. Immer packende Programme aus der gegenwärtigen deutschsprachigen Kulturlandschaft. Frühzeitig reservieren!

Neuer Deutscher Jazzpreis: Ein Anfang/Mitte März in der Alten Feuerwache stattfindendes Festival-Wochenende. Dabei wird der mit 10 000 € deutschlandweit höchstdotierte Bandpreis für professionelle Jazzbands vergeben (www.ig-jazz.de).

Maimarkt: 11 Tage ab letzten Sa im April, auf dem verkehrsgünstig gelegenen Mühlfeld. Deutschlands größte regionale Verbrauchermesse mit mehr als 400 000 Besuchern (www.mmm-maimarkt-mannheim.de).

SAP Arena Marathon: Anf. bis Mitte Mai ein populärer Stadt-Dämmer-Marathon durch Mannheim und Ludwigshafen. Online-Anmeldung möglich auf www.marathonmannheim.de.

MaifeldDerby: Ende Mai ein Dreitage-Spektakel am MVV Reitstadion/Maimarktgelände. Mehrere Bühnen und Zelte werden von 60 Künstlern und Gruppen bespielt. Bisher waren u. a. dabei: The National, Wallis Bird, Sophie Hunger und Blood Red Shoes.

Stadtfest Mannheim: Am letzten Wochenende im Mai. Überall zwischen Wasserturm und Paradeplatz sind Bühnen mit verschiedenen Musikstilen aufgebaut.

Festival des Deutschen Films: Mitte Juni treffen sich auf der Ludwigshafen vorgelagerten Parkinsel Kinofans zu einem stimmungsvollen Filmfestival.

Girls go movie: Das Projekt führt Girls von 12 bis 27 Jahren an das Filmemachen heran und präsentiert die Ergebnisse im Rahmen eines zweitägigen Kurzfilmfests Ende Juni im Atlantis Kino Mannheim (www.girlsgomovie.de).

Mannheimer Mozartsommer: Alle zwei Jahre (mit gerader Endzahl) veranstaltet das Nationaltheater Mannheim Anfang Juli dieses einwöchige Musikfestival mit den Spielorten Nationaltheater und Schwetzinger Schloss. In den ungeraden Jahren finden die **Internationalen Schillertage** (8–10 Tage im Juni, mehrere Spielstätten) statt (www.mannheimer-mozartsommer.de und www.schillertage.de).

Wunder der Prärie: Alle zwei Jahre findet ca. 10 Tage im Sept. das Internationale Festival für Performance, Live-Art, Kunst an mehreren Spielorten in Mannheim statt (www.wunderderpraerie.de).

Schlossfest: Anfang bis Mitte Sept. beliebtes Universitätsfest mit viel Musik (www.uni-mannheim.de/schlossfest).

Fotofestival Mannheim-Ludwigshafen-Heidelberg: Anfang Sept. bis Anfang Nov. Viel beachtete Fotobiennale, die Dokumentarfotografie um Aspekte der Kunst erweitert (www.fotofestival.info/de).

Bermuda Shorts: 4 Tage Mitte Sept. Kurzfilm-Festival im Cineplex-Kino.

TürkFilmFestivali Mannheim: Okt. bis Dez., aktuelle Beispiele des Filmschaffens in der Türkei. Untertitel und Synchronisationen machen das Festival auch für deutsche Zuschauer interessant (www.turkfilmfest-mannheim.de).

Nachtwandel: ein Wochenende Mitte Okt. im Stadtteil Jungbusch. Fantasievolles Straßen-, Galerie- und Hinterhoffest (www.jungbuschzentrum.de/nacht wandel).

Enjoy Jazz: Okt./Nov. Jazz-Festival der Region, in Mannheim vor allem in der Alten Feuerwache. Hohe Qualität, internationale Größen, aber auch Raum für das Experiment (www.enjoyjazz.de).

Internationales Filmfestival Mannheim-Heidelberg: Jährlich im Nov. sind Mannheim und Heidelberg für 10 Tage ein Mekka für Cineasten. Seit 1952 finden junge Regisseure und Filmautoren in Mannheim ein großes Publikum (http://iffmh.de).

Weihnachtsmarkt: in der Adventszeit bis zum 23. Dez. am Wasserturm und den Kapuzinerplanken. Hier trifft man sich zu einem Plausch beim Glühwein.

Fundbüro

Städtisches Fundbüro (▶ Karte 2, C 4): K7, s/n, zentraler Eingang am Verwaltungsgebäude, Tel. 0621 293 32 75, Mo 8–14, Di, Mi u. Fr 8–12 Uhr, Do 8–18 Uhr, Do kann 13–14 Uhr geschlossen sein; Stadtbahn 2, Haltestelle MVV Hochhaus. Auch in öffentlichen Verkehrsmitteln liegengebliebene Dinge sind hier nachzufragen.

Fundsachen in Taxis: Taxizentrale Mannheim, Tel. 0621 44 40 44.

Geld

Gängige Kreditkarten und bargeldlose Zahlungen mit der Maestro-Card sind üblich. Bankautomaten finden sich überall in der Innenstadt.

Gesundheit

Ärztlicher Bereitschaftsdienst (▶ E 4): Cheliusstr. 6, Tel. 0621 192 92, tgl. Fr 19–Mo 7 Uhr, Mi 13–Do 7 Uhr, tgl. 20–7 Uhr, Fei 0–24 Uhr

Rettungsdienst: Tel. 112

Ärztliche Bereitschaft bundesweit: Tel. 116 117

Krankentransporte: Tel. 0621 192 22

Zahnärztlicher Notfall-Nachtdienst (▶ D 4): Collinistr. 11, (Im Facharztzentrum), Tel. 0621 00 08 13, Fr 19–Mo 6 Uhr durchgehend, Mo–Do 19–6 Uhr, Fei 24 Std. Telefonische Anmeldung nicht erforderlich.

Mannheim auf Gratis-Apps

›MRN-News‹ bringt aktuelle Infos, Freizeit- und Veranstaltungstipps zur Metropolregion Rhein-Neckar und somit auch zu Mannheim. Detaillierte Infos zum ÖPNV mit Stadtbahn und Buslinien sowie Haltestellen gibt ›RNV Start‹. Für Autofahrer hilfreich ist ›**Parken in Mannheim**‹, eine App, die alle Parkhäuser mit der aktuellen Anzahl freier Parkplätze auflistet. ›**City Guide MA**‹ bringt Infos zu Shopping, Events, Eat & Sleep, Kinos und Sehenswürdigkeiten. ›**Universität Mannheim**‹ enthält u. a. den Speiseplan der Mensa und Tipps zum Nachtleben.

Zahnärzte mit Notdienstbereit-schaft: Mi u. Fr 14–18.30 Uhr, Tel. 0621 00 08 14
Universitätsklinikum Mannheim (▶ D 4): Theodor-Kutzer-Ufer 1–3. Tel. 0621 38 30.
Gift-Notruf: Tel. 115
Apothekennotdienst: in der Tages-presse genannt sowie über den ärztli-chen Notdienst und alle Krankenhäuser zu erfragen.

Informationsquellen

Tourist Information Mannheim
▶ Karte 2, C 5
Willy-Brandt-Platz 5 (gegenüber vom Hauptbahnhof), Tel. 0621 293-87 00, www.tourist-mannheim.de, Mo–Fr 9–19, Sa 10–13 Uhr, So und Fei geschlos-sen. Prospektmaterial, ausführliche In-formationen zu Veranstaltungen, Unter-künften sowie zum thematisch vielfälti-gen Angebot an Stadtführungen und -rundfahrten.

Im Internet
www.mannheim.de: Website der Mannheimer Stadtverwaltung, umfas-send und übersichtlich gestaltet, inkl. Stadtplan, Veranstaltungskalender und ausführlichen Hintergrundinformation.
www.tourist-mannheim.de: Websi-te der städtischen Touristeninformation, praktische Informationen und Tipps für den Aufenthalt in Mannheim.
www.meier-online.de: Eine gut sor-tierte und ausführliche Website zu den Veranstaltungen in Mannheim und Um-gebung. Ob Gastroguide, Filmtipps oder aktuelle Ausstellungen – ein Blick auf die Seite lohnt.
www.quadratestadt-mannheim.de: Ein bunter und informativer Blog aus und über Mannheim. Hier erfährt man, dass italienische Eisdielen in den Win-

termonaten selbst gemachtes Gebäck anbieten, dass eine Bar im Jungbusch gerade Gin im Angebot hat, dass am Wochenende eine Großdemo gegen Neonazis läuft usw.
www.schneckenhof.de: Was und wo es für die Mannheimer Studenten zu feiern und in der Stadt zu unternehmen gibt, findet man hier.
www.rem-mannheim.de: Die Reiss-Engelhorn-Museen sind in sechs se-henswerte Einrichtungen aufgeteilt: Museum Zeughaus, Museum Weltkul-turen, Museum Bassermannhaus für Musik und Kunst, Museum Schillerhaus, Forum Internationale Photographie und ZEPHYR-Raum für Fotografie (s. S. 73 ff). Die Website verschafft schnell eine erste Übersicht.

Kinder

Das Kultur- und Freizeitangebot Mann-heims hat für Kinder eine ganze Menge zu bieten. In der monatlich erscheinen-den und im Buchhandel kostenlos aus-liegenden Zeitung Rhein-Neckar-Kind (www.rhein-neckar-kind.de) finden sich aktuelle Tipps. Es lohnt sich auch, die Kinderprogramme der Reiss-Engelhorn-Museen (s. S. 73) und der Kunsthalle (s. S. 44) zu beachten.
Pinocchio Indoor Erlebnispark: Obere Riedstraße 84, Mannheim-Käfer-tal, Tel. 0621 410 777 61, www.pinoc chio-park.com, Mo–Fr 14–19, Sa, So, Fei und Ferientage 10–19 Uhr. In der 2010 eröffneten Halle erfreut sich u. a. der einzige Indoor-Hochseilgarten der Region großer Beliebtheit.
Museumsschiff und Hafenrund-fahrt: Das Museumsschiff (s. S. 59) zeigt u. a. spannende Exponate zum Bergungstauchen; ganz in der Nähe be-ginnt die Hafenrundfahrt (s. S. 25).
Fernmeldeturm (▶ E 4/5): Der 213 m

hohe Turm (s. S. 55) ist für alle Generationen eine Attraktion. Zwei Aufzüge fahren in das Aussichtsgeschoss auf 125 m Höhe und zu einem Drehrestaurant (s. S. 57), das sich pro Stunde einmal um die eigene Achse dreht (Aufzug 5 €, erm. 4 €, Kinder bis 7 Jahre frei. Hintergrund: Strom- und Wartungskosten des Aufzugs betragen jährlich 130 000 € plus Personalkosten.

Technoseum (▶ E 6)**:** Im Rahmen der regelmäßigen Kinderprogramme sind hier stets interessante Entdeckungen möglich. An vielen Stationen lässt sich die technisch-soziale Entwicklung der letzten Jahrhunderte mittels kindgerechter Experimente und Demonstrationen nachvollziehen (s. S. 58).

Planetarium (▶ E 6)**:** Kaum 10 Gehminuten vom Technoseum entfernt. In speziellen Kinderprogrammen bietet das Mannheimer Planetarium »Spaziergänge auf der Milchstraße« (s. S. 59).

Durch den Luisenpark (▶ Karte 3)**:** Ob Sonne oder Regen: Im Luisenpark mit seinen vielen Seen zum Bötchenfahren, seinen Tier- und Pflanzenhäusern, Picknick- und Spielplätzen wird es nicht langweilig.

Raus aus der Stadt: Zum **Flugplatz in Neuostheim** kommt man von der Innenstadt aus mit der Stadtbahn 6 (Endhaltestelle: Neuostheim). Dort lassen sich von einem schönen Biergarten aus die Start- und Landebahnen aus nächster Nähe beobachten.

Im **Käfertaler Wald** finden sich in der Nähe des Karlsterns ein Rotwildgehege und ein idyllischer Ententeich. Ein großer Biergarten (La Locanda) lädt dort nach Waldspaziergängen zur Rast ein.

Klima und Reisezeit

Ihre Lage beschert der Rheinebene ein mildes Klima mit früher Kirschblüte (se-

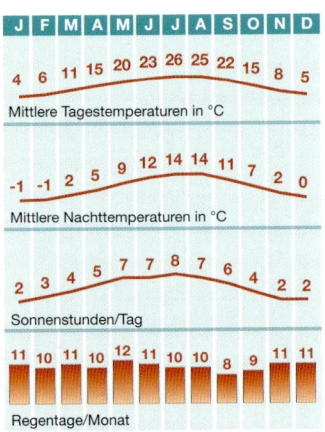

Klimadiagramm Mannheim

henswert an der Bergstraße zwischen Weinheim und Heidelberg) und sommerlichen Temperaturen, die bis weit in den September hineinreichen.

Wer gerne die Innenräume Mannheims entdeckt, wozu sich viele Museen, Cafés, Bars und Shopping-Adressen anbieten, fühlt sich hier auch in den kälteren Jahreszeiten wohl.

Öffnungszeiten

Geschäfte in der Innenstadt i. d. R. werktags von 9/10 Uhr bis 19/20 Uhr, samstags haben kleinere Läden bis 16 Uhr, größere oft bis 20 Uhr geöffnet. Kleinere Läden machen z. T. zwischen 13 u. 15 Uhr für eine Stunde Mittagspause. Die **Museen und Sammlungen** der Stadt sind meist montags geschlossen.

Die nächtlichen Sperrzeiten der **Gastronomie** in Mannheim sind So–Do auf 2–6 Uhr und Fr, Sa auf 3–6 Uhr festgelegt. Es gibt aber ca. 60 Lokale und Diskotheken, die mit Sonderkonzessionen ausgestattet sind und bis zum Morgen geöffnet haben.

Rauchen

Rauchverbot gilt in allen öffentlichen Gebäuden, Bussen, Bahnen, Bahnhöfen und Gaststätten. Ausgenommen sind Gaststätten unter 75 m^2, die keine Speisen anbieten und Personen unter 18 J. den Zutritt verwehren. In größeren Gaststätten kann das Rauchen in abgetrennten Nebenräumen erlaubt werden. Der Zutritt zu diesen Raucherräumen ist für Personen unter 18 J. ebenfalls verboten. Dies gilt auch für Nebenräume in Discos, die keine Tanzfläche besitzen.

Reisen mit Handicap

Das Bemühen um Barrierefreiheit ist in Mannheim vielerorts zu erkennen. Bahnhöfe, ÖPNV, Hotels, Museen und Kinos weisen zum größten Teil behindertengerechte Zugänge und Nutzungsmöglichkeiten auf. Tipps für Rollstuhlfahrer finden sich in der 2014 neu aufgelegten Dokumentation: »Mit dem Rollstuhl unterwegs in Mannheim« auf www.barrierefrei-mannheim.de.

Sport und Aktivitäten

Baden und Schwimmen
Eine Übersicht über die Mannheimer Frei- und Hallenbäder gibt www.mannheim.de/buerger-sein/schwimmbaedermannheim.

Seit Generationen beliebt sind das **Strandbad Stollenwörthweiher** (▶ C 8/9). Es ist in zwei Bereiche geteilt: das große Heinz-Hunsinger-Bad (Rheingoldstr. 204, Neckarau, Tel. 0621 852 414, Stadtbahn 7: Stollenwörthweiher) und das Sommerbad am Stollenwörthweiher mit seinen großen Liegewiesen und guter Infrastruktur (Promenadenweg 4, Neckarau, Tel. 0621 811 944, Stadtbahn 3: Stollenwörth).

Das **Herzogenriedbad** ist die größte Freibadanlage Mannheims und verfügt über mehrere Becken, Spiel- und Sportplätze (▶ D 3, August-Kuhn-Str. 25, Neckarstadt, Tel. 0621 293 75 85, Stadtbahn 1, 3: Neuer Messplatz).

Eissport
Wer sich gerne auf Schlittschuhen versucht, kann dies von Anfang Nov. bis

Genuss im Jugendstilbad

Dieses Jugendstil-Juwel ist eine Stiftung des jüdischen Tabakgroßhändlers und Stadtrates Bernhard Herschel (1837–1905). Es wurde 1920 als eines der größten überdachten Volksbäder in Deutschland eröffnet. 1943 großteils durch einen Luftangriff zerstört, konnte es in der Nachkriegszeit wieder aufgebaut werden. Die Ausstattung: drei Schwimmhallen, eine Sauna mit teilweise original erhaltenen Räumen, ein römisch-irisches Dampfbad. Dazu kommen sechs von ehemals 36 Wannenbädern. Halle 2 wurde als Frauenschwimmhalle besonders aufwendig gestaltet. Mosaikböden, eine mächtige Kuppel, durch Arkadenbögen einsehbare Seitenschiffe mit weit ausladender Galerie … ein kleines Paradies, das im Winterhalbjahr in Verbindung mit der Sauna So und Fei für FKK-Anhänger offen steht. **Herschelbad** (▶ Karte2, C 4): U3, 1, Innenstadt, Tel. 0621 293 71 16, www.mannheim.de/buerger-sein/willkommen-im-herschelbad-0, Stadtbahn 1, 3, 4, 5, 7, 5R (OEG): Abendakademie, Mo 13–21, Di 6.15–21, Mi 6.15–20, Do, Fr 8–22, Sa 8–18, So 9–18 Uhr.

Ende März im **Eissportzentrum Herzogenried** (▶ C 2), Käthe-Kollwitz-Straße 23, Neckarstadt, Tel. 0621 30 10 95, Stadtbahn 1, 3: Neuer Messplatz.

Fitness

Platzhirsch in der ganzen Region und Inhaber von Studios unterschiedlichster Kategorien ist die Unternehmensgruppe **Pfitzenmeier**. Sie ist auch in Mannheim mit mehreren Angeboten präsent: www.pfitzenmeier.de. Wer sich den Spaß gönnen will, einen wahren Fitnesspalast kennenzulernen, der fährt mit dem Auto ein paar Kilometer nach Schwetzingen in den dortigen **Pfitzenmeier Wellness & Fitness Park** (Schwetzingen ▶ Karte 4, C 3, Duisburger Str. 3, Tel. 06202 859 370).

Golf

Stadtnah und doch mit dem Ambiente eines Rheinaueparks, das sind Prädikate, die man der Anlage des **Golfclubs Mannheim** zusprechen darf: Golfanlage an der Rheingoldhalle (▶ C 9), Rheingoldstraße 215, Neckarau, Tel. 0621 851 720, www.golf-absolute.de/mannheim/, Stadtbahn 3: Stollenwörth

Der **Golfclub Mannheim-Viernheim** verfügt über eine schöne Anlage an der Mannheim zugewandten Seite von Viernheim, ca. 15 Autominuten von der Mannheimer Innenstadt entfernt (www.gcmv.de).

Etwas länger (ca. 30 Min.) fährt man von Mannheim nach **St. Leon-Rot,** wo SAP-Gründer Dietmar Hopp ein viel bestauntes Golf-Ressort eingerichtet hat (www.gc-slr.de).

Joggen

Zwei beliebte Laufstrecken liegen am Rhein und sind über den Stadtteil Lindenhof zu erreichen. Entlang der **Rheinpromenade** (▶ B 5–C 8) hat man einen schönen Blick auf das gegenüberliegende Ludwigshafen und die vorgelagerte Parkinsel. Die Promenade führt Richtung Süden zum **Waldpark** (▶ B 8–9, http://waldpark-mannheim. npage.de) und der damit verbundenen **Reißinsel** (▶ A 8–9). Zum Wegenetz im Waldpark gehört auch ein Waldsportpfad.

Wer gegen Abend joggen möchte, kann für wenig Geld (je 1,50 €) eine Abendkarte im Luisenpark (s. S. 55) oder Herzogenriedpark (s. S. 76) lösen. Beide Stadtparks verfügen über schöne Laufstrecken.

Klettern

Ganzjährig und wetterunabhängig möglich im **Kletterzentrum EXTREM** (▶ G 2), Am Ullrichsberg 10, Tel. 0621 128 16 92, www.kletterzentrum.de, Mo–Fr 10–23, Sa, So, Fei 10–21 Uhr, Stadtbahnlinie 4: Im Rott. Eintrittspreise zwischen 9 und 13 €.

Radfahren

In Mannheim und näherer Umgebung gibt es ein gut ausgebautes Radwegenetz. Ob in der Stadt oder bei einem Ausflug am Neckar entlang nach Heidelberg: Nirgends sind Steigungen in Sicht. Infos: www.rad-im-quadrat.de sowie der Bürgerstadtplan mit gesamtem Radwegenetz (im Buchhandel). **Leihfahrräder** in Mannheim s. S. 24.

Reiten

Von Frühjahr bis Herbst unternimmt die Reitgemeinschaft Mannheim-Neckarau Ausritte in den **Waldpark** (▶ B 9), Rheingoldstraße 219, Neckarau, Tel. 0621 86 07-0, www.rg-mannheim-neckarau.de, Stadtbahn 3: Rheingoldhalle.

Squash/Tennis

Nahe bei der Innenstadt (Stadt abgewandtes Ende des Luisenparks) liegt

Sicherheit und Notfälle

Mannheim ist eine lebendige Stadt mit allen Aspekten, die ein großstädtisches Leben ausmachen. Straßenkriminalität zeigt sich nicht mehr als anderswo, und es wäre eher diskriminierend als hilfreich, diesbezüglich vor bestimmten Gegenden zu warnen.

Wichtige Notrufnummern
Notruf, Ambulanz, Polizei: 112; **Ärztlicher Bereitschaftsdienst:** 116 117
Feuerwehr/Unfallrettung: Rettungsleitstelle Mannheim 112
ADAC Pannenhilfe: Festnetz Tel. 01802 22 22 22, mobil 22 22 22,
Sperren von Kreditkarten und Giro-Cards: Sperrnummer Tel. 116 116
Österreichische Botschaft Berlin: Tel. 030 202 87-0, www.oesterreichische-botschaft.de, **Schweizerische Botschaft Berlin:** Tel. 030 390 40 00.

das **Tennis- u. Squash-Center Sport Marquet** (► E 5), Josef-Bußjäger-Weg 4, Oststadt, Tel. 0621 41 55 15, www.tennis-mannheim.de, Stadtbahn 6 und 9: Harrlach.

Wellness
Ein Muss für Genießer: **Türkisches Bad Saray Hamam** (► östl. H 2), Freiberger Ring 8, Vogelstang, Tel. 0621 714 16 12, www.sarayhamam.de, Stadtbahnlinie 7: Vogelstang-Zentrum, Mo–Fr 12–21, Sa, So, Fei 10–21 Uhr. Ein original türkisches Bad mit weißem Marmor und osmanischen Kacheln. Man kann sich hier mit Seifenmassagen, Duftölen, Tee und Schampus verwöhnen lassen. Angenehmer lassen sich Körper und Geist kaum in Einklang bringen.

Sport zum Zuschauen
Für eine ausverkaufte **SAP-Arena** (► G 7) sorgen regelmäßig die Cracks der Adler Mannheim, die schon mehrmals Deutscher Eishockey-Meister wurden. Ebenso viel Stimmung herrscht auf den Rängen, wenn die Rhein-Neckar-Löwen hier ihre Handball-Bundesligaspiele austragen (www.saparena.de).

Telefon und Internet

Telefonieren nach Mannheim: Die Vorwahl für Mannheim lautet 0621, aus dem Ausland: 0049 621. Die Nachbarstadt Ludwigshafen hat übrigens die gleiche Vorwahl. **Mobiltelefone:** Alle gängigen Mobilfunknetze haben in Mannheim einen guten Empfang.
Internet: Der Zugang zum Internet ist in der Mannheimer Innenstadt für Gäste an den meisten Stellen gratis. Man wählt das WLAN »free-key-mannheim« und kann per Mail/SMS einen PIN anfordern. Nach dessen Bestätigung ist beliebig häufiges Einloggen möglich. Außerdem gibt es viele Kneipen und Cafés mit kostenlosem Internetzugang. Aktuelle Infos über Google: WLAN Stadtplan Mannheim.

Unterwegs in Mannheim

Das Kundenzentrum des ÖPNV-Versorgers **Rhein-Neckar-Verkehr GmbH (RNV)** befindet sich im Stadthaus (N1) am zentralen Paradeplatz, Tel. 0621 465 44 44 (Mo–Fr 8–16 Uhr), www.

Mannheimer Stadtführungen e. V.

Seit 1992 eine reizvolle Alternative zu den Führungen der Touristeninformation: die ausnahmslos spannenden und unterhaltsam präsentierten Führungen von Mannheimer Stadtführungen e. V. (Tel. 06332 684 34, www.mannheimerstadtfuehrungen.de). Das Programm führt ebenso zu alten und neuen Stätten jüdischen Lebens wie zu Pesthügel und Schifferkneipen im Hafenviertel Jungbusch. Vollständiges Programm, Termine, Preise und Treffpunkte finden sich auf der Website.

rnv-online.de, Schalterzeiten Mo–Fr 10–18, Sa 10–15 Uhr. Verkauf von Tickets für Bahnen und Busse, Fahrplanauskünfte, Liniennetzpläne gratis.

Straßenbahn und Bus

Straßenbahnen heißen in Mannheim offiziell ›Stadtbahnen‹. Sie verkehren auf acht Linien. Der Paradeplatz ist ein Knotenpunkt aller Linien. Die Stadtbahnen verkehren tgl. von 6.30 bis ca. 20 Uhr im 10-Minuten-Takt, danach bis ca. 24 Uhr im 30-Minuten-Takt.

Linie 5 ist besser als ›OEG‹ bekannt. Sie fährt den touristisch reizvollen Rundkurs Mannheim – Weinheim – Heidelberg – Mannheim. Die S-Bahnen sorgen für gute Verbindungen im Rhein-Neckar-Dreieck (www.vrn.de). **Achtung:** Die Linienführung und ihre Benennung wird sich 2016 mit Einführung einer »Linie Nord« v. a. in den Bereichen Waldhof, Schönau und Gartenstadt ändern. Änderungen können auch andere Teil des Netzplans berühren.
Preise: Anfang 2015 kostet die Einzelfahrt für eine Kurzstrecke in der Stadt 2,40 €, für Kinder bis 6 J. 1,80 €. Eine Tageskarte (von erster Entwertung bis Folgetag) kostet 6,40 €. Diese Karte gibt es auch preisgünstig für Kleingruppen.
Fahrradmitnahme: Soweit es der Platz erlaubt, ist die Mitnahme von Fahrrädern in Regionalzügen und S-Bahn grundsätzlich kostenlos. Lediglich Mo–Fr 6–9 Uhr fallen dafür Gebühren an.

Taxi

Der größte Taxistand ist vor dem Hauptbahnhof. Weitere Taxis befinden sich am Paradeplatz und am Wasserturm. **Taxizentrale:** Tel. 0621 444 044. Preise (Feb. 2015): Grundpreis 2,80 €, erster und zweiter Kilometer 2,50 €, jeder weitere Kilometer 1,50 €; Wartezeit: angefangene Viertelstunde 6 €.

Autovermietung/Car-Sharing

Im Hauptbahnhof kann man sich ein Fahrzeug mieten bei: **Europcar**, Tel. 0621 159 020, www.europcar.de; **Sixt**, Tel. 01806 25 25 25, www.e-sixt.de.

Wer Mitglied des bundesweit verbreiteten Car-Sharing-Verbunds ›Stadtmobil‹ ist, findet in Mannheim ein großes Angebot an Leihwagen: **Stadtmobil Rhein-Neckar AG (▶** Karte 2 C 5), Büro: M1, 2, Innenstadt, Tel. 0621 128 555 85, www.stadtmobil.de.

… mit dem Fahrrad

Mannheim lässt sich als Stadt in der Ebene mühelos mit dem Fahrrad erkunden. Die mehr als 250 km Radwege sind im ›Bürgerstadtplan‹ (Buchhandel) ausgewiesen. Seit April 2015 gibt es ein vom Verkehrsverbund Rhein-Neckar (VRN) organisiertes Verleihsystem (www.nextbike.de). Für das Stadtgebiet sind 25 Stationen mit 200 Mieträdern vorgesehen. Nähere Information: www.vrn.de/vrn/service/erweiterte-mobilitaet/fahrrad/mietrad/index.html

Stadtführungen

Hafenrundfahrten

Mit über 70 km Hafenufer bilden die Häfen von Mannheim und Ludwigshafen den zweitgrößten Binnenhafen Europas. Die 2 Std. 15 Min. dauernde große Hafenrundfahrt mit dem Schiff macht mit Geschichte und Aktualität vertraut (auch kleine Hafenrundfahrt 1,5 Std.). Die Kräne, Kammerschleusen und Containerterminals dienten schon so manchem »Tatort« als Kulisse. Die Rundfahrten der Kurpfalz Personenschiffahrt, mit der man auch Schiffsausflüge nach Heidelberg oder Speyer unternehmen kann, finden von April bis Oktober statt. Abfahrten an der Kurpfalzbrücke (kleine Hafenrundfahrt Erw. 10,50 €, Kind 5,50 €, große Hafenrundfahrt 13.30 Uhr, Erw. 12,50 €, Kinder 7,50 €). Termine: www.kurpfalz-personenschiffahrt.de, Reservierungen: Tel. 0621 178 952 82.

Stadtrundfahrten

Die Touristeninformation veranstaltet regelmäßig 2,5-stündige Stadtrundfahrten per Bus: jeden Sa Anfang Mai bis Ende Okt., Treffpunkt 10.30 Uhr im Ehrenhof des Mannheimer Schlosses, Eingang Schlosskirche, Stadtbahn 1, 5, 7: Schloss. 16 € (inkl. Kurzbesuch Barockschloss und Fernmeldeturm), Tickets vor Ort oder bei der Touristeninformation (s. S. 19).

Themenführungen

Beim Mannheimer Quadrategang, der von Mai bis Ende Okt. Sa 14.30 Uhr stattfindet und ca. 2 Std. dauert, geht es durch die Innenstadt. Vermittelt werden Mannheimer Geschichte, Mannheimer Anekdoten und Mannheimer Lebensstil. Start ist am Treffpunkt im Ehrenhof des Mannheimer Schlosses, Eingang Schlosskirche, 6 €. Tickets vor Ort oder bei der Touristeninformation (s. S. 19).

Weitere Themenführungen, die 2015 von der Touristeninformation angeboten werden, beschäftigen sich mit dem Barock, architektonischen Schätzen, Bertha und Carl Benz, Industriekultur am Handelshafen und Nachtschwärmern. Details: www.tourist-mannheim.de

Der Umwelt zuliebe – nachhaltig reisen

Mit dem Fahrrad durch die Stadt
Einen aktiven Beitrag zum Umweltschutz in Mannheim können Besucher durch die Benutzung von Fahrrädern bei der Stadterkundung leisten. In der Stadt, in den Parks, an Rhein- und Neckar entlang gibt es keine Steigungen (s. S. 24).

Elektro-Buslinie 63
Wer die Linie 63 vom Hauptbahnhof in den am Rhein gelegenen Stadtteil Lindenhof nutzt, fährt ein Stückchen in Richtung Zukunft. Der Elektrobus ist ein wegweisendes Modellprojekt.

Von regionalen Erzeugern
Die Justizvollzugsanstalt in Mannheim unterhält einige produzierende Handwerksbetriebe. Wer also regionale handgemachte Produkte sucht und Strafgefangene fördern möchte, schaut zur Abwechslung mal im Verkaufsladen **Knackpunkt** und im angegliederten Bistro vorbei, Mo–Fr 10–16 Uhr (▶ D 2).

Einen **Bio-Wochenmarkt** mit vorwiegend regional erzeugten Produkten gibt es freitags von 12–19 Uhr auf den Kapuziner-Planken (O5).

15 x Mannheim
direkt erleben

In den wärmeren Jahreszeiten gehört die Jugendstilanlage am Friedrichsplatz zu den gern besuchten Sehenswürdigkeiten. Dass Mannheim auch bei weniger schönem Wetter mit seinen Reizen nicht geizt, zeigen die folgenden Erkundungstipps.

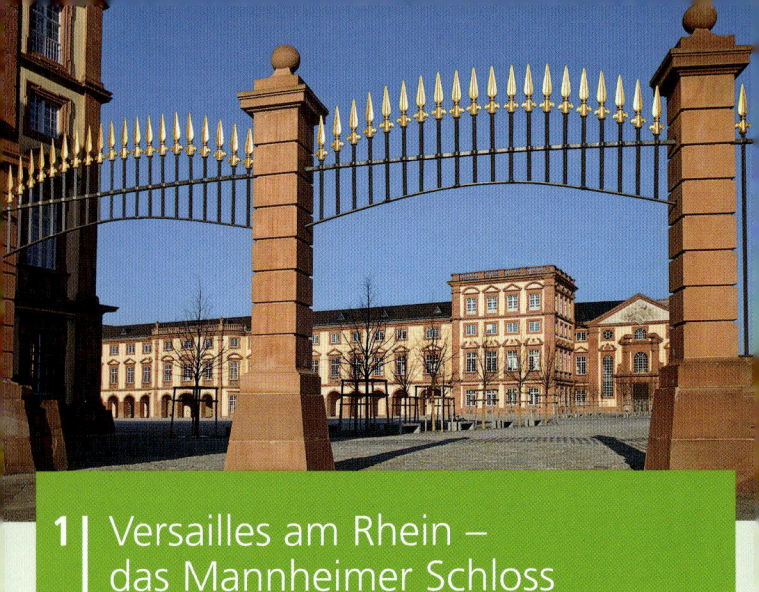

1 | Versailles am Rhein – das Mannheimer Schloss

Karte 2: ▶ B/C 5 | **Stadtbahn** Linie 1, 5, 7: Schloss

Das als Kurfürstliche Residenz errichtete Schloss zählt zu den größten Barockanlagen Europas und ist in Mannheim das Maß vieler Dinge. Hier liegt der Fixpunkt der Mannheimer Quadrate. Heute ist es vieles in einem: Museum, Universitätsgebäude, Amtsgericht und ein gern besuchter Veranstaltungsort.

Vom Ballsaal zum Bunker: Das Schloss und seine Geschichte

Die wechselvolle Geschichte des **Mannheimer Schlosses** 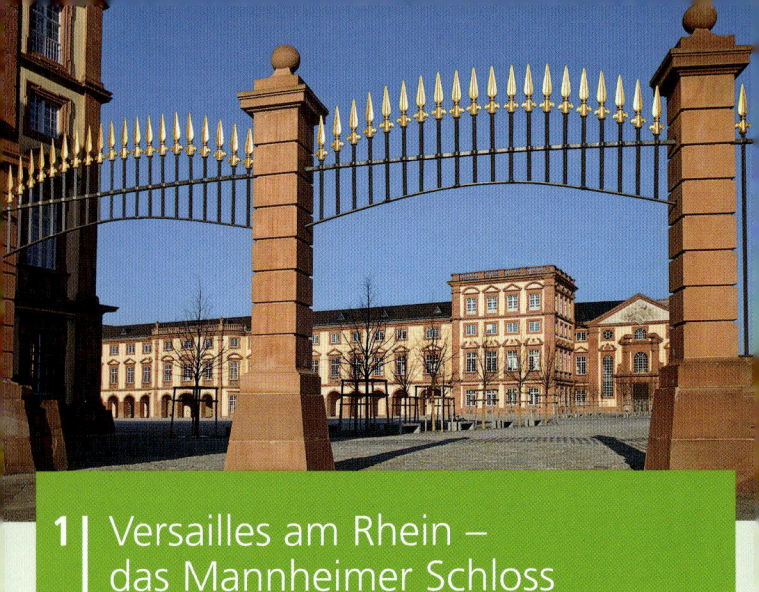 beginnt mit Kurfürst Carl Philipp, der mit dieser an Versailles orientierten Flügelanlage 1720 ein neues Kapitel fürstlicher Selbstdarstellung in der Kurpfalz aufschlägt. Dem Bauherrn war seine Residenz in Heidelberg zu eng geworden. Das Heidelberger Schloss, am Berg gelegen und eher einer Burg ähnlich, sollte durch ein prunkvolles Bauwerk, das

sich in die Ebene erstreckt, ersetzt werden. 400 m Fassade zur Stadt, 400 Räume, fast 1500 Fenster, eine dem Schloss zum Rhein hin angegliederte Oper, ein Ballhaus, eine Reitschule und ein riesiger Ehrenhof illustrieren die Dimensionen, mit denen man hier kalkulierte. Unter Kurfürst Carl Theodor, der 1743 das Erbe von Carl Philipp antritt, bedarf es noch knapp weiterer 20 Jahre Bauzeit, bis das Schloss als ›Krone der Stadtanlage Mannheims‹ 1760 fertiggestellt ist. Großen gestalterischen Einfluss auf Schloss- und Kirchenbau nehmen Allesandro Galli da Bibiena und Nicolas de Pigage als Bibienas Nachfolger im Amt des kurfürstlich ernannten Oberbaudirektors.

Die Residenzstadt Mannheim erlebt in diesen Jahren eine erste große Blüte als europaweit beachteter Musenhof. Goethe, Mozart und Lessing beehren in der zweiten Hälfte des 18. Jh. Mannheim durch längere Aufenthalte. Die

›Mannheimer Schule‹ erlangt ihren Ruf durch die hohe Perfektion, mit der die Kurpfälzische Hofkapelle musiziert.

Einen jähen Einschnitt für dieses Aufblühen bedeutet die Verlegung der kurfürstlichen Residenz nach München: An Silvester 1777/78 vereinigen sich die seit mehr als 400 Jahren getrennten Linien des Hauses Wittelsbach in Bayern und der Pfalz wieder unter einem Oberhaupt. Herrscher über das neue Reich Pfalz-Bayern wird Kurfürst Carl Theodor. Die Bedingung dazu: Der Hof muss nach München umziehen. Bei diesem Umzug wird ein Großteil des kostbaren Schlossinventars nach München überführt. Während sich Kultur und Wissenschaft als Schwungräder der städtischen Entwicklung Mannheims halten, verwaist das Schloss zunehmend.

Im 19. Jh. erblüht dann noch einmal ein wenig Hofkultur, als Mannheim und die linksrheinische Kurpfalz dem Großherzogtum Baden zufallen (1802) und die verwitwete Großherzogin Stephanie von 1819 bis zu ihrem Tod 1860 einige Räume des Corps de Logis bewohnt.

Danach ist es mit der Pracht und Herrlichkeit vorbei: Der Schlossgarten, ursprünglich bis zum Rheinufer reichend, wird durch neue Straßen, Brückenauffahrten und Schienenwege zerschnitten. Gerichts-, Finanz- und Verwaltungsbehörden machen sich in den Schlossgebäuden breit. Im Zweiten Weltkrieg legen massive Luftangriffe der Alliierten das Schloss in Schutt und Asche. Vom Bombenhagel des Jahres 1943 werden alle Gebäudeteile getroffen. Einzig der heute noch vorhandene Tiefbunker unter dem Ehrenhof bleibt dabei ohne direkten Treffer und bietet mit seinen 63 Räumen vielen Mannheimer Bürgern Schutz.

Nach dem Krieg ist der Abbruch der Schlossruine zugunsten einer neuen Verkehrsplanung eine ernsthaft diskutierte Option, wird aber schließlich doch noch abgewendet. Der Wiederaufbau orientiert sich dann weitgehend am historischen Vorbild und richtet das Innere gemäß der späteren Nutzung als Behördensitz und Universität ein. Nur im Mittelbau werden die prunkvolle Zentraltreppe und der repräsentative Rittersaal zur Nutzung als Veranstaltungsort und »gude Stubb« Mannheims originalgetreu rekonstruiert. Eine aufwändige Sanierung gibt es dann noch einmal anlässlich des 400. Stadtgeburtstages im Jahr 2007. Der Schlossmittelbau erhält mit einem Mansardendach wieder seine historische Form. Eine neue Universitätsbibliothek, die wieder hergestellten Prunkräume in der Beletage sowie ein neues Schlossmuseum im Erdgeschoss verleihen dem Schloss neuen Glanz.

Exponate vom Mannheimer Fürstenhof

Das neu gestaltete Museum präsentiert eine Dauerausstellung unter dem Titel »Kunst und Kultur am Mannheimer Hof« und enthält Originalgegenstände aus den Sammlungen des Kurfürsten Carl Theodor. Thematisch sind die Exponate gegliedert in: Porzellan aus der Manufaktur Frankenthal, ein Naturalienkabinett, Teilbestände der ehemaligen Hofbibliothek, ein Münz- und Medaillenkabinett, ein Kupferstich- und Zeichnungskabinett sowie historisches Jagdgerät.

Besondere Beachtung verdienen dabei die Ausstellungsstücke der Porzellanmanufaktur Frankenthal. Sie vermitteln einen guten Eindruck zur ursprünglichen Ausstattung der Residenz mit dem ›weißen Gold‹, das Kurfürst Carl Theodor so schätze. Der Kurfürst hatte 1755 auch das Privileg erteilt, im nah gelegenen Frankenthal eine Porzellanmanufaktur zu gründen. Sie hatte

Das Carl Ludwig Denkmal zeigt den Gründer und ersten Bauherrn des Schlosses

nur 40 Jahre Bestand und bekam durch die Eroberung Frankenthals durch die Franzosen 1794 ihr Ende gesetzt.

Die schönste Universitätsbibliothek

Wenn die Oberlichtbänder in den Mansardendächern des Schlossmittelbaus auch um Mitternacht noch erleuchtet sind, ist dies nicht etwa ein Indiz für späte Besucher des in diesem Schlossteil gelegenen Museums, sondern ein Hinweis auf die Spätschicht von Stu-

Übrigens: Ein großes Spektrum an Themenführungen macht die Besucher mit der Schlossgeschichte vertraut (Termine: www.schloss-mannheim.de), Jeweils samstags um 14.30 Uhr gibt es eine Führung in historischem Kostüm durch die Prachträume, bei der es sehr unterhaltsam um das »Leben bei Hofe« geht.

denten in der 2007 neu ausgebauten Unibibliothek, die zu den schönsten und modernsten Bibliotheken überhaupt gehört. Wer sich ein Bild davon machen möchte, erreicht die Räume über die Eingänge im West- und im Ostturm.

Beschränkt sich die Nutzung des Schlosses als Museum und Ort für besondere Festveranstaltungen schon länger auf den Mittelbau der Flügelanlage, so nimmt die Universität heute nahezu alle anderen Baulichkeiten des Geländes für sich in Anspruch. Jedoch wird der Westflügel nach wie vor vom Amtsgericht genutzt.

Der Wiederaufbau des Schlosses nach dem Zweiten Weltkrieg und die Entwicklung der Universität Mannheim sind eng miteinander verknüpft. So zog 1955 die Wirtschaftshochschule in den damals neu errichteten Ostflügel ein. Zum Zeitpunkt der Umbenennung der Wirtschaftshochschule in ›Universität‹ im Jahr 1967 haben sich die Lehr- und

Bibliotheksräume bereits über andere Teile des Schlossareals und nahe Teile der Innenstadt ausgedehnt. Mit dem **Schneckenhof** , benannt nach den schneckenförmigen Wendeltreppen angrenzender Gebäudetürme, gab es damals auch schon den Ort, der sich mehr und mehr zum Veranstaltungsort für studentische Feten entwickeln sollte. Heute sind es ca. 10 000 Studenten, die sich im Schloss und seiner Nachbarschaft tummeln.

Infos

Barockschloss Mannheim 1: Bismarckstraße s/n, Tel. 0621 292 28 91, www.schloss-mannheim.de, tgl. außer Mo 10–17 Uhr, letzter Einlass 16.30 Uhr; Mo sowie 24., 25., 31. Dez. geschl.; Führungen Sa, So u. Fei stündlich 11–16 Uhr. Das Schlossmuseum ist barrierefrei zugänglich. Eintritt: 6 €, erm. 3 €, Besuch mit Führung 8 €, erm. 4 €, Sonderthemen 10 €, erm. 5 €.

Schlosskirche 2: im Ehrenhof des Schlosses. Die Kirche wird seit 1874 von der Altkatholischen Gemeinde genutzt, Tel. 0621 213 63. Das eindrucksvolle Giebelrelief von Paul Egell (1691–1752) und die Kurfürstengruft sind noch original erhalten. Mitte September 2010 wurde eine Beleuchtung in der Schlosskirche installiert, die das große Deckengemälde nun richtig ausleuchtet. Das Geläut (mit Barockglocken aus der Bauzeit des Schlosses) kann man auf YouTube unter »Geläut Schlosskirche Mannheim« hören und sehen.

Ganzjährig unterhaltsam gestaltete sich das Leben für Kurfürst Carl Theodor außerhalb des Schlosses im Bau des späteren **Palais Bretzenheim** 3. Das mit der heutigen Adresse A2,1 versehene Palais ließ der Kurfürst für seine Maitresse und vier gemeinsame Kinder errichten, denen das Privileg eines Klavierlehrers namens Wolfgang Amadeus Mozart zukam. Das im Zweiten Weltkrieg zerstörte Palais wurde rekonstruiert und ist heute ein Dienstgebäude für mehrere Gerichte.

Mal 'ne Pause machen

Vom Ehrenhof aus zugänglich ist das **Studentencafé EO** 1, dessen Name die Lage ›Ehrenhof Ost‹ abkürzt. Tel. 0621 490 72 601, www.eo-mannheim.de, in der Vorlesungszeit Mo–Fr 8–20, Sa 10–16 Uhr. Die modern eingerichtete Mischung aus Café-Bar und Studentenrestaurant ist für alle Schlossbesucher offen. Preiswerte Gerichte mittags und abends, Tellergerichte für Studenten ab ca. 3,50 €, für Gäste plus 60 %.

Nach gleichem Strickmuster wird das Essen in der benachbarten **Mensa** 2 berechnet (Mo–Do 11.30–14.15, Fr bis 14 Uhr). Aktuelle Speisepläne: www.studentenwerk-mannheim.de.

Die App ›Universität Mannheim‹ enthält den Speiseplan der Mensa. Genussorientiert geht es auch am nahen Schillerplatz zu. Dort hat das 2014 eröffnete **Café NoName** 3: B2, 11, Tel. 0621 44 59 96 76, Mo–Fr 9–20, Sa 13–20 Uhr schnell Freunde gefunden.

2 | Kurfürstlicher Barock – Jesuitenkirche und Zeughaus

Karte 2: ▶ B4, B5 | **Stadtbahn** Linie 1, 5, 7: Schloss

Die ehemalige Hofkirche und das vormals kurfürstliche Waffenarsenal waren in ihrer ursprünglichen Nutzung weit voneinander entfernt. Doch als Repräsentanten von Barock und Frühklassizismus findyen die fast benachbarten Bauwerke auf dem Nenner der Baukunst zusammen.

Großer Barock: Die Jesuitenkirche

Mit Fertigstellung des Schlossbaus und der Weihung der gegenüberliegenden Jesuitenkirche 1, beides datiert auf das Jahr 1760, sah Mannheim sein neues weltliches und kirchliches Haupt. Das Schloss war mit fünf Stockwerken im Mittelbau das höchste profane Bauwerk, die Jesuitenkirche mit ihrer 75 m hohen Vierungskuppel das höchste Bauwerk der Stadt überhaupt. Nach dem Vorbild der berühmten Il Gesù, Mutterkirche der Jesuiten in Rom, ge-

baut, gilt die Mannheimer Jesuitenkirche heute als bedeutendster Barockbau in Südwestdeutschland.

Den kurfürstlichen Bemühungen, das seiner Zeit protestantische Mannheim mit Hilfe der Jesuiten ›für die katholische Sache‹ zu begeistern, waren aber enge Grenzen gesetzt. Schon 13 Jahre nach der Kirchweihe löste der damalige Papst 1773 den ganzen Jesuitenorden auf. Und die Verlegung der kurfürstlichen Residenz von Mannheim nach München (1778) nahm dem Gotteshaus seine Bedeutung als Hofkirche. Das Kircheninnere wurde im Zweiten Weltkrieg fast völlig zerstört und erhielt erst ab 1986 durch eine 18 Jahre andauernde Restaurierung (bis 2004) seinen barocken Glanz wieder zurück.

So auch der 20 m hohe und 243 t schwere Hauptaltar von Peter Anton Verschaffelt. Die Seitenaltäre stammen vom selben Künstler und sind original erhalten. Zu den wieder hergestellten

Besonderheiten im Kircheninnern zählen unter anderem auch die kurfürstlichen Hoflogen, Meisterstücke des barocken Bildhauers Paul Egell, sowie weitere historische Sakralkunst. Dass ein Großteil der Kunstgegenstände während des Nationalsozialismus und des Zweiten Weltkriegs gerettet werden konnte, verdankt sich einem ehemaligen Messner der Jesuitenkirche, der in diesen Jahren unter dem Westturm eine geheime Kammer einrichtete, um dort viele Kulturgüter gegen Beschlagnahmung und Zerstörung zu retten.

Die erst 1907 in den Nischen der Vorhalle aufgestellten Plastiken der beiden Kurfürsten Carl Philipp und Carl Theodor erinnern an die Gründungsförderer der Jesuitenkirche, die heute als Repräsentationskirche der Stadt viele große Festgottesdienste und kirchenmusikalische Höhepunkte in ihrem Jahresprogramm stehen hat.

Wie die Jesuitenkirche, ist auch der benachbarte Turm der ehemaligen **Sternwarte** 2 ein Zeuge der kulturellen und wissenschaftlichen Blüte der kurfürstlichen Residenz Mannheim in der zweiten Hälfte des 18. Jh. Die Sternwarte wurde 1772–1774 errichtet und 1820 zum Ausgangspunkt der Vermessung des Großherzogtums Baden. Ende des 19. Jh. erlaubte die wachsende Industrie in Mannheim kaum noch klare Sicht zum Himmel. Die Sternwarte bekam ihren Platz zunächst in Karlsruhe, dann auf dem Heidelberger Hausberg Königstuhl. Im sanierungsbedürftigen Turm der Mannheimer Sternwarte haben seit vielen Jahren Künstler ihre Ateliers.

Stolz auf den Dichter: Schillerplatz und Schillerhaus

Durch eine gute Pflege hat es sich tief ins kollektive Gedächtnis der Mannheimer eingegraben, dass Friedrich Schiller in den Jahren 1783–1785 Mannheim zu seinem Aufenthaltsort wählte. Noch heute erzählen einfache Leute, dass der junge Rebell 1782 im drei Jahre zuvor vom Kurfürsten gestifteten Nationaltheater seine »Räuber« uraufführte und damit vor allem den jüngeren Teil des Publikums in Wallung brachte. Das Theater stand damals am heutigen **Schillerplatz** 3. Nach der Zerstörung durch Fliegerbomben im Zweiten Weltkrieg fand es in den 1950er-Jahren seinen heutigen Standort. Der Schillerplatz verlor damit seine ihm von den Kurfürsten zugedachte Rolle als kulturelles Zentrum der Stadt. Heute teilen sich hier in idyllischer Stimmung ein bronzenes Schillerdenkmal und ein jüngeres Denkmal für die ›Mannheimer Trümmerfrauen‹ die Aufmerksamkeit der Passanten.

Ein paar Meter davon entfernt lässt sich im **Museum Schillerhaus** 4 unter der Adresse B5, 7 mehr zu Schillers Mannheimer Zeit erfahren. Die letzte Wohnadresse des Dichters lag in der Nachbarschaft (B5, 8) und ist in der ursprünglichen Bauweise nicht mehr vorhanden. Der zur musealen Gestaltung gewählte Ort spiegelt aber in etwa die Wohnverhältnisse der damaligen Zeit wider. Die multimediale Inzenierung von »Schiller in Mannheim« ist auch für jüngere Besucher unterhaltsam und lehrreich.

Wer auf dem Weg zum Museum Zeughaus eine kleine Kaffee- oder Vesperpause braucht, ist sowohl in der nahen **Tomate** 1 als auch im **C-Five** 2 bestens aufgehoben. Der erstgenannte Tipp liegt ein paar Schritte entfernt und reizt unter der Adresse B6, 12 mit einem lauschigen Biergarten und großer Karte voller Kleinigkeiten. Das C-Five hat sich als eleganteres Lokal mit schöner Hofterrasse zum Zeughaus einen Namen gemacht.

Übrigens: Bei Dunkelheit lässt sich eine der größten europäischen Lichtinstallationen am Zeughaus bestaunen. Die Installation LUX wurde von Elisabeth Brockmann anlässlich der Wiedereröffnung des Gebäudes 2007 geschaffen. Sie füllt alle Fenster der Fassade aus und stellt mit 50 Elementen ein überdimensionales Augenpaar dar, das vom Innern des Gebäudes nach draußen schaut.

Museum Zeughaus

Das kurfürstliche **Zeughaus** [5], 1777/78 von dem bekannten Bildhauer und Architekten Peter Anton von Verschaffelt erbaut, ist der letzte erhaltene Monumentalbau der Mannheimer Kurfürstenzeit. Erst Waffenarsenal, dann Kaserne, wird es seit Beginn des 20. Jh. als Museum genutzt. Nach einer umfassenden Restaurierung wurde das Haus im Januar 2007 rechtzeitig zum 400. Stadtjubiläum Mannheims wieder eröffnet. Es zählt inzwischen zu den renommiertesten Ausstellungshäusern Europas. Auf über 6000 m² Fläche präsentieren sich umfangreiche Sammlungen zu antiken Kulturen, Kunst- und Stadtgeschichte ebenso wie zur angewandten Kunst, zur Theatergeschichte und zur zeitgenössischen Fotografie. Aufwendige Inszenierungen und Multimediastationen stellen die Exponate in einen lebendigen Kontext. Dazu kommen regelmäßig Sonderausstellungen.

Infos

Jesuitenkirche [1]: A4, 2, Tel. 0621 127 09-0, www.jesuitenkirchemannheim.de. Kirchenführungen an zwei Sonntagen im Monat um 16 Uhr, Termine im Schaukasten an der Jesuitenkirche oder telefonisch erfragen.
Museum Schillerhaus [4], B5, 7, Öffnungszeiten Sa u. So 11–18 Uhr, Di–Fr nur für Gruppen mit Voranm., Erw. 2,50, erm. 1,50 €.
Museum Zeughaus [5]: C5, Tel.

0621 293 31 50, www.rem-mannheim.de, Di–So 11–18 Uhr, Mo, 24., 31. Dez. geschl. Für die Sammlungen: Erw. 2,50 €, Erm. 1,50 €.

Essen und Trinken

Für die Zwischenmahlzeit und den Pausenkaffee geeignet: **Café-Bar-Restaurant Tomate** [1], B6, 12, Tel. 0621 272 45, www.tomate-mannheim.de, Mo–Do 11–24, Fr/Sa 11–2, So 10–24 Uhr. Vom morgendlichen Brunch bis zum spätabendlichen Mojito gibt es ein breites Angebot an bodenständigen Leckereien, schöner Biergarten, faire Preise.
›Stylish‹ ist wohl das kennzeichnende Attribut für das beliebte **C-Five** [2], C5, Tel. 0621 122 95 50, www.c-five.de, Mo–Sa 11–24, So 11–18 Uhr. Hauptgerichte ab ca. 25 €. Die schöne Terrasse im Hofgarten des Zeughauses kann man ebenso für Kaffee und Kuchen wie für Wein und Cocktail nutzen. Hier essen alle gerne und gut, die nicht auf den Euro achten müssen.

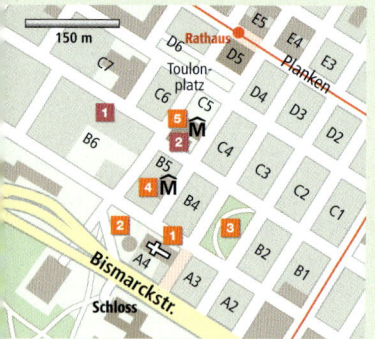

3 | Kaffee und Kuchen –
Café Prag und Café Herrdegen

Karte 2: ► C 4 | **Stadtbahn** Linie 2, 6: Rathaus

Wiener Kaffeehaus-Kultur, bei der es vor allem um den Kaffee und das pure Ambiente geht: Dafür steht in Mannheim das Café Prag. Wo hingegen viel Naschwerk und die Atmosphäre eines typischen Konditorei-Cafés gefragt sind, ist man im Herrdegen richtig. Beide Cafés liegen vom Konzept her weit auseinander, in der Stadtlandschaft hingegen nah zusammen. Jedem das seine oder beides für alle? Sie dürfen entscheiden.

Schön einfach, einfach schön: Café Prag

Vielleicht ist es gerade das Unbesondere, das diesem Café seinen Charme und seine Besonderheit gibt. Kein Schnickschnack an Design, kein tolles Mobiliar, keine Edelmode am Garderobehaken.

Ein Kleinod in einem großen Haus der Gründerzeit. 1902 zog hier die Mannheimer Börse ein. Nach dem Zweiten Weltkrieg machte man im Hauptgebäude Platz für die Musikschule, die bis heute ihr Domizil in dem Gebäude hat. Im Seitenflügel war schon 1910 ein Tabakgeschäft eingezogen. Es blieb bis 2001 und wurde dann durch das **Café Prag** **1** abgelöst.

Ob an den paar Tischen auf der Straße oder in der kleinen guten Stube mit dem schlichten Interieur aus Holz: Hier sitzen alle Gäste gerne länger. Sie sind in gratis ausliegende Zeitungen vertieft, reden miteinander, genießen ihren Cappuccino, beste Buttercroissants, Milchkaffee und Kuchen aus dem nahen **Konditorei-Café Herrdegen** **2**. Dass Adonis Malamos als Gründer und Barista des Cafés auch seine übrigen Sinne gut entwickelt hat, zeigen die von ihm aufgenommenen Fotos an den Wänden ebenso wie die vielen Jazz-Abende, die übers Jahr hin hier stattfinden. Für das Veranstaltungsangebot

35

Übrigens: Eine ganz in der Nähe der beiden Cafés gelegene Institution ist die **Klapsmühl' am Rathaus** 🔟. 1982 gegründet, zählt die an ca. 240 Tagen im Jahr bespielte Bühne heute zu den besten deutschen Kabarett- und Comedytheatern. D6, 3, Tel. 0621 224 88, www.klapsmuehl.eu, Aufführungen Mi–Sa 20 Uhr, So 18 Uhr, Di 20.30 Uhr Jazz.

zu Zeiten der Kurfürsten ausgesehen haben mag. Innen warten eine lange Kuchen- und Tortentheke sowie die Gemütlichkeit eines liebevoll gepflegten Konditorei-Cafés.

Berühmt ist hier vor allem das Backwerk ›Mannemer Dreck‹, eine auf Oblaten gebackene Schokoladenspezialität, die den Rang des wichtigsten Souvenirs aus Mannheim erklommen hat. Sie erinnert an das großherzoglich-badische Verbot von 1822, den im Haus gesammelten Kot einfach auf die Straße zu werfen. Um dieses Verbot in ironischer Weise zu beantworten, dachte sich ein zeitgenössischer Konditor ein leckeres Rezept aus, brachte es in die Form des entsprechenden Häufchens und stellte das Machwerk im Schaufenster aus. Er hatte zunächst die Lacher und dann viele Leckermäuler auf seiner Seite.

Das Originalrezept des ›Mannemer Drecks‹ ist in Besitz des Cafés Herrdegen. Auch das Baumkuchendessert und die Baumkuchentorte lassen einem leicht zwei Mal hintereinander schwach werden.

steht neben der kleinen Café-Stube ein weiterer stimmungsvoller Raum zu Verfügung, der tiefer in das Gebäude der ehemaligen Börse hineinreicht.

Mehr für Naschkatzen – das Café Herrdegen

In einem typischen Stadthaus aus dem 18. Jh. – es gibt nur noch wenige davon – verwöhnt die Familie Herrdegen ihre Gäste schon seit mehreren Generationen. Das Barockhaus wirkt schon von außen anheimelnd und macht eine Vorstellung davon möglich, wie Mannheim

Infos

Café Prag 🔟: E4, 17, Tel. 0174 238 72 48, keine Website, Mo–Sa 10–18.30, So 13–17.30 Uhr. Jeweils im Spätherbst einige Jazz-Abende im Rahmen von ›Enjoy Jazz‹ Festival (s. S. 18). Wer ›Café‹ mit mit ›Naschen‹ gleichsetzt, hat seine Freude im nah gelegenen **Café Herrdegen** 2️⃣: E2, 8, Tel. 0621 201 85, www.cafe-herrdegen.de, Mo–Fr 9–18, Sa 8.30–17.30 Uhr, So u. Fei geschl. Alle Stadtbahnlinien: Paradeplatz.

Von diesem Café aus sind es nur ein paar Schritte zur großen, in den 1980er-Jahren gebauten **Synagoge** 🔟 der Jüdischen Gemeinde Mannheim: F3, 4, Tel. 15 39 74, www.jgm-net.de. Auf der Website können Führungen durch die Synagoge beantragt werden. Außerdem finden sich hier ausführliche Informationen zur Geschichte der Juden in Mannheim.

4 | Schicke Shoppingmeile – die Planken

Karte 2: ▶ C 5 | **Stadtbahn** alle Linien: Paradeplatz

Als es noch keinen Straßen-asphalt gab, wurden hier Holzplanken verlegt, um schmutzfreies Flanieren zu ermöglichen. Damit war der Name für Mannheims große Shoppingmeile geboren. Die zur Bundesgartenschau von 1975 eingerichtete Fußgängerzone und ein breites Produktsortiment machten aus den Planken ein von weit her angesteuertes Ziel.

Start am Stadthaus N1

Als Ausgangspunkt eines Bummels über die Planken eignet sich der Paradeplatz besonders gut. Er ist Haltestelle aller Stadtbahnlinien sowie Kreuzungspunkt der großen Stadtboulevards Planken und Breite Straße. Am Paradeplatz hatte der barocke Prachtbau des Alten Kaufhauses seinen Platz. Als kurfürstliche Einrichtung des 18. Jh. sollte dieses Kaufhaus die Handelsposi-tion Mannheims dokumentieren und stärken, um später auch als Rathaus zu funktionieren. Das Gebäude wurde im Zweiten Weltkrieg zerstört und am gleichen Standort, dem Quadrat N1, 1991 durch einen Neubau, das **Stadthaus** [1], ersetzt. Der markante Mittelturm greift dabei die Fassadenform des historischen Gebäudes auf. Auch heute erfüllt der Bau mehrere Funktionen: Neben Cafés, Bars, Restaurant und Ladengeschäften sind hier auch die Stadtbücherei sowie Rats- und Bürgersäle untergebracht. Ein Fahrstuhl im gläsernen Mittelturm des Stadthauses führt in die populäre **Cocktailbar Stars.**

Zu den jüngeren und spektakulärsten Bauten an den Planken gehört das 2007 fertiggestellte **Weltstadthaus** [1] von Peek & Cloppenburg. Der nahe beim Paradeplatz gelegene Bau des amerikanischen Stararchitekten Richard Meier hat seine mehr als 12 000 m² Verkaufsfläche auf fünf Stockwerke verteilt und

37

Übrigens: Mit der **Eisdiele Fonta-nella** [1] gibt sich an den Planken unter der Adresse O4, 5 der Erfinder des Spaghetti-Eises zu erkennen. Dario Fontanella fertigte diese süße Köstlichkeit 1969 zum ersten Mal und nutzte dazu zunächst einen Fleischwolf. Die Patentgebühr von 900 DM war dem Erfinder zu viel. Sein Spaghetti-Eis blieb deshalb ungeschützt.

wirkt mit viel Glas und seiner transparent-leichten Bauweise sehr elegant.

Noch bevor man Peek & Cloppenburg vom Paradeplatz aus erreicht, steht ein ganz anderes Gebilde aus Glas im Weg. Zwischen den Quadraten P1 und P2 wurde 2003 mitten auf den Planken ein Glaskubus errichtet, der als **Holocaust-Denkmal** [1] an die 2200 jüdischen Opfer des Nationalsozialismus aus Mannheim erinnert, deren Namen in Spiegelschrift in die Glasflächen eingelassen sind. So ein Mahnmal mitten in einer Shoppingmeile aufzustellen kostete sicher etwas Mut und eine Haltung, die völlig verloren gegangen war, als in den Jahren 1933 bis 1938 besonders an den Planken jüdische Geschäftsleute enteignet wurden und die ›Arisierung‹ ohne nennenswerte Widerstände vonstatten ging.

Nicht versäumen: Highlights an den Planken

Traditionell sind es vor allem Modeartikel und Schuhe, die viel Publikum in die Planken sowie in die angrenzenden Bummelzonen (Fressgasse und Kunststraße) bringen. Dabei ist es der Name Engelhorn, der seit Langem diese Szenerie dominiert. Was dieses seit 1890 in Mannheim ansässige Familienunternehmen angefangen hat, wurde zum Erfolg. Andere Modehäuser an den Planken präsentieren ihr Sortiment in verschiedenen Abteilungen, **Engelhorn** nutzt dazu ganz Häuser in den O- und N-Quadraten: **Sports** [2] (N5, 7), **Trendhouse** [3] (O6, 1), **Mode im Quadrat** [4] (O5, 1–8), **Dessous** [5] und **Strumpfhaus** [6] (beide O4, 8), überall steht ›engelhorn‹ davor, und überall findet man viel Ansprechendes. Jüngeren Datums sind die in den Komplex eingebundenen Stores von **BOSS** [7] (O7, 4) und **TOMMY HILFIGER** [8] (O6, 4).

Das unweit gelegene **Südlandhaus** [9] (P3, 8–9) begann 1949 mit Südfrüchten zu handeln. Hier gab es nach dem Krieg die ersten Delikatessen und den ersten Nachkriegschampagner. Das mit viel Bedacht und großem Geschmack geführte Haus ist bis unter die Decke mit Köstlichkeiten voll gepackt. Besonders beliebt sind die Olivenöle und die Balsamicos.

Um Erlesenes geht es auch auf der anderen Seite der Planken, in der Kunststraße. Unter der Adresse N3, 9 gibt es dort bei **Franz Bausback** [10] seit bald einem Jahrhundert eine Großauswahl an besonderen Teppichen. Dass dieses Geschäft in der Kunststraße wirklichen Kunsthandel betreibt, erlebt jeder, der es betritt. Ob Kaufhaus, familiengeführter Handel, junges Design oder elegante Mode: Die Planken und ihre beiden Parallelstraßen werden vielen Geschmäckern und Vorlieben gerecht.

Elegante Verbindungswege: die Passagen

Fünf überdachte Shopping-Galerien schaffen, vom Wasserturm aus gesehen, im vorderen Teil der Planken höchst anregende Verbindungen zwischen Planken und Fressgasse beziehungsweise Planken und Kunststraße. In der Reihenfolge heißen sie ›ÖVA-Passage‹, ›Heinrich-Vetter-Passage‹ (Planken/Kunststraße), ›Zürich-Passage‹, ›Kurfürstenpassage‹ und ›Plankenhof-Passage‹. Mode, Schmuck, Feinkost, Designermöbel und Accessoires, Cafés und Bistros: Alles wirkt großzügig, elegant und lässig. Etwas protzig wächst an der Fressgasse hingegen das neue **ShoppingCenter und Hotel Q6/Q7** [11] heran. Die Fertigstellung des Großprojekts ist für 2016 vorgesehen.

Infos

Peek & Cloppenburg [1], O3,2–8, Tel. 0621 125 30, Mo–Sa 10–20 Uhr.
Engelhorn: Für alle Häuser gilt Tel. 0621 167 22 22, www.engelhorn.de, Mo–Sa 10–20 Uhr.
Südlandhaus [9]: P3, 8–9, Tel. 0621 243 02, www.suedlandhaus.de, Mo–Fr 9.30–19, Sa 9.30–17.30 Uhr.
Franz Bausback Teppiche [10]: N 3, 9, Tel. 0621 12 92 80, www.bausback.de, Mo–Fr 10–12.30, 13–18.30 Uhr, Sa 10–15 Uhr.

Essen und Trinken

Eis Fontanella [1] hat in Mannheim mehrere Filialen. Tel. 0621 234 43, http://eisfontanella.de. Die Eisdiele an den Planken (O4, 5) ist ganzjährig offen (Mo–Sa 10–18, So 13–18 Uhr). Die anderen Adressen: O2, 1 und P7, 1 ebenfalls Innenstadt, L11, 11 Nähe Uni, Mo–Fr 9–18 Uhr, Mitte Okt.–Ende Feb. geschl.
Ein angenehmer Rastplatz für eine kleine Zwischenmahlzeit oder ein paar Tapas ist das **Palm's** [2]: P6, 25 (Plankenhof-Passage), Tel. 0621 7 18 98 90, www.palms-ma.de, Mo–Do 9–1, Fr, Sa 9–2, So 17–24 Uhr, zurückgelehntes Ambiente, leckeres Essen und faire Preise.

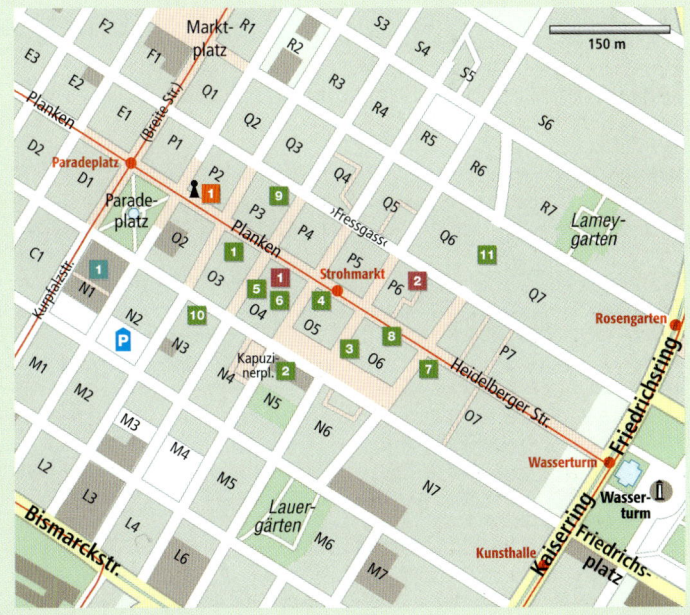

5 | Ein Palast für Lifestyle und aktives Leben – engelhorn sports

Karte 2: ▶ C 5 | **Stadtbahn** Linie 2, 3, 4, 6: Strohmarkt

Wie es sich für eines der größten Sporthäuser Europas gehört, soll der moderne Bau an den Kapuzinerplanken auf seinen sieben Stockwerken 25 000 Sport- und Modeartikel aller Top-Marken beherbergen. Wer sich dem Großangebot von engelhornsports hingibt, glaubt das gerne, auch ohne nachzuzählen.

Kletterwand und Golfsimulator

Wenn Stadtführer bei ihren Rundgängen auf **engelhorn sports** 1 aufmerksam machen und wenn einer der Söhne Mannheims seinen Gästen aus Hamburg am Beispiel von engelhornsports zeigt, dass auch Mannheim etwas Metropolitanes vorzuweisen hat, dann wollen auch wir diesem Gegenstand des Bürgerstolzes eine Würdigung nicht verwehren. Es macht einen ja auch wirklich staunen, wenn man

diesen Sportpalast an den Kapuzinerplanken betritt. Da steht man direkt vor einer Kletterwand, die mit 25 m Höhe durch die Verkaufsetagen ragt und mit unterschiedlichen Schwierigkeitsgraden zum Probeklettern einlädt.

In der Golfabteilung hilft einem ein Golfsimulator mit integriertem Swing-Analyser, den persönlichen Schlägertyp zu ermitteln. Wer sich Skischuhe kauft, sollte etwas Zeit mitbringen, denn vor der Anprobe werden die Füße des Kunden auf Wunsch computergestützt vermessen, um auch wirklich den Schuh zu finden, der am besten passt. Laufschuhe kann man auf einer kleinen, in das Haus einbezogenen Teststrecke einer Prüfung unterziehen. Verwunderlich, dass sich in dem Haus kein Pool findet, um neue Badehosen zu testen.

Bei all dem glänzt dieses Fachgeschäft mit kompetentem und freundlichem Personal. Ob Baden oder Bergsteigen, Walken oder Wintersport, Fitness oder Fußball: Zu allem, was an Funktionsbekleidung, Geräten, Hilfsmitteln, Accessoires und Taschen gebraucht wird, sind die Mitarbeiter gut informiert und erfreulicherweise nicht darauf getrimmt, nur hochpreisige Artikel zu verkaufen.

Nicht nur im Sport aktiv: Mäzenatentum in Mannheim

Bei so vielen Produkten rund um den Sport muss man gerade in Mannheim auch ein paar Worte über die Persönlichkeiten verlieren, die den Sport, das soziale Leben und die Kultur als Mäzene fördern. Seit der Gründer treten immer wieder zu Reichtum gekommene Mannheimer beziehungsweise Kurpfälzer auf, die sich gegenüber dem Gemeinwohl als sehr großzügig erweisen. So war es der jüdische Kaufmann Bernhard Herschel (1837–1905), der Anfang des 20. Jh. das nach ihm benannte und heute noch sehenswerte Jugendstilbad (s. S. 21) stiftete.

Er gehörte der gleichen Gründer- und Spendergeneration an wie das ebenfalls jüdische Kaufmannspaar Henriette und Julius Aberle, dem Mannheim seine Kunsthalle verdankt. Der 1907 zum 300. Stadtgeburtstag eingeweihte Bau wurde durch die Großspende dieses Ehepaars möglich. Und bei der hundert Jahre später nötigen Generalsanierung der Kunsthalle ist es erneut eine sehr große Einzelspende, die dies ermöglicht: 2011 stellte Hans-Werner Hector, einer der SAP-Gründer, dafür 50 Mio. Euro zur Verfügung (s. S. 44).

Hasso Plattner, ebenfalls einer der vier SAP-Gründer, hat 2007 den Ausbau der Universitätsbibliothek im Schloss mit zehn Millionen Euro unterstützt und damit die größte private Spende gegeben, die eine deutsche Hochschule jemals erhalten hat. Auch Dietmar Hopp war bei der SAP-Grün-

dung dabei. Zu den von ihm finanzierten Projekten zählen die SAP-Arena in Mannheim, der Golf-Club in St. Leon-Rot und das Fußballstadion der TSG Hoffenheim in Sinsheim. Unscheinbarer, aber in der Substanz wichtiger, erscheinen die vielen Förderprojekte seiner Stiftung mit den Schwerpunkten Medizin, Ausbildung und soziale Einrichtungen, die auch in Mannheim angesiedelt sind.

Seiner Heimat verpflichtet fühlte sich auch Heinrich Vetter. Mit dem Kaufhaus Vetter (das Gebäude an den Kapuzinerplanken, in dem heute Galeria Kaufhof untergebracht ist) war er zu großem Reichtum und innerstädtischem Immobilienbesitz gekommen. Heute sorgt eine nach ihm benannte Stiftung dafür, dass seine Verfügung, vor allem sozial benachteiligten Gruppen aus Mannheim zu helfen, Jahr für Jahr in die Realität umgesetzt wird. Und da wir uns bei engelhorn sports befinden, ist an dieser Stelle auch das andauernde Mäzenatentum der Familie Engelhorn zugunsten der Universität sowie der Sport- und Kulturentwicklung Mannheims zu erwähnen.

Mannemer Savoir-vivre an den Kapuzinerplanken

Nicht nur freitags, wenn auf den kleinen **Kapuzinerplanken** [1] am Nachmittag die Stände eines Biomarkts aufgebaut sind, herrscht hier eine lässige und genießerisch wirkende Stimmung. Vielleicht darf der kleine Innenstadtplatz, an dem einst ein Kloster stand, deshalb auch am Namen der Planken partizipieren, obwohl er um eine Straßenreihe versetzt ist. Um diesen Platz herum macht man sich das Leben gerne angenehm, geht gern auf einen Kaffee oder Snack ins **Binokel** [1] (O7, 1) oder schaut, in entgegengesetzter Richtung, in **bolands café-lounge-**

Übrigens: Die kleine **Skulptur**  auf den Kapuzinerplanken heißt »Blumepeter«. Viele Anekdoten beschreiben dieses Mannheimer Original als vordergründig naiv, aber eigentlich schlau. Die Figur geht auf einen kleinwüchsigen, geistig behinderten Blumenverkäufer namens Peter Schäfer zurück. 1875 geboren, war der ›Blumepeter‹ ein belächelter Teil des Mannheimer Straßenlebens. 1920 wurde er in die geschlossene Psychiatrie eingewiesen, wo er 1940 starb.

bar  vorbei (O4, 1). Eine nahe Bistro-Alternative für kleine Snacks in der Shoppingpause heißt **Novus** (M4, 1). In dieser Gegend gibt es auch zwei hervorragende Restaurants. Sie haben ihren Platz im großen Engelhorn Modehaus: Das 2014 mit einem Michelin-Stern dekorierte **Opus V** und das wegen seiner gut zubereiteten Fischgerichte bekannte **Le Corange** . Wem in dieser Gegend der Sinn mehr nach Kuchen, Pralinen & Co. steht, der biegt in die Kurfürstenpassage ein und lässt sich im **Café Pralissimo** gemütlich nieder.

Infos

engelhorn-sports : N5, 6–7, Tel. 0621 167 22 22, www.engelhorn.de, Mo–Sa 10–20 Uhr.
Biomarkt auf den **Kapuzinerplanken** : Fr 12–19 Uhr.

Essen und Trinken

Café Binokel : O7, 1, Tel. 0621 2 30 74, www.mybinokel.de, Mo–Sa 09–01, So 10–01 Uhr. Angenehmes ›Altberliner‹ Ambiente in Mannheim. Mittagstisch ab ca. 6,50 €, abends regelmäßig Aktionen von ›Salatabend‹ bis ›Cocktail-Rabatt‹.
Auch das **bolands**  ist eine angenehme Mischung aus Café und Bar: O4, 1, Tel. 0621 120 02 22, www.bolands.de, Mo–Do 7.30–24, Fr, Sa 8–01 Uhr, So u. Fei 10–24 Uhr. Tagsüber ein

Stelldichein für Mittagspausen, abends darf man in den Ledersesseln der Lounge im 1. Obergeschoss versinken. Wer in Club-Atmosphäre seinen Hunger mit günstigen All-you-can-eat Angeboten stillen will, isst im **Novus** richtig: M4, 1, Tel. 0621 138 73, www.novus-mannheim.de, Mo–Do u. So 10–1, Fr 10–2, Sa 10–3 Uhr. Feinschmecker schätzen das **Opus V** in der 6. Etage von Engelhorns ›Mode im Quadrat‹ O5, 9–12, Tel. 0621 167 11 55, www.restaurant-opus-v.de, Di ab 18–22, Mi–Sa 12–14 u. 18–22 Uhr. Hauptgerichte ab ca. 23 €. Ebenfalls ganz oben speist man im gleichen Haus im **Le Corange** , O5, Tel. 0621 167 11 33, www.corange-restaurant.de, Mo–Sa 12–14 u. 18–22 Uhr. Hauptgerichte ab ca. 30 €, vor allem sehr gute Fischgerichte. Auf ganz andere Art weiß das nahe **Pralissimo** (P7, 24) in der nahen Kurfürstenpassage zu verwöhnen: eine Großauswahl an selbst gemachten Pralinen, Schokoladen, Konfitüren und Patisseriegebäck, ein Ort zum Schwärmen und Schwelgen: P7, 24, Tel. 0621 2 51 16, www.pralissimo.de, Mo–Fr 10–19, Sa 10–17 Uhr.

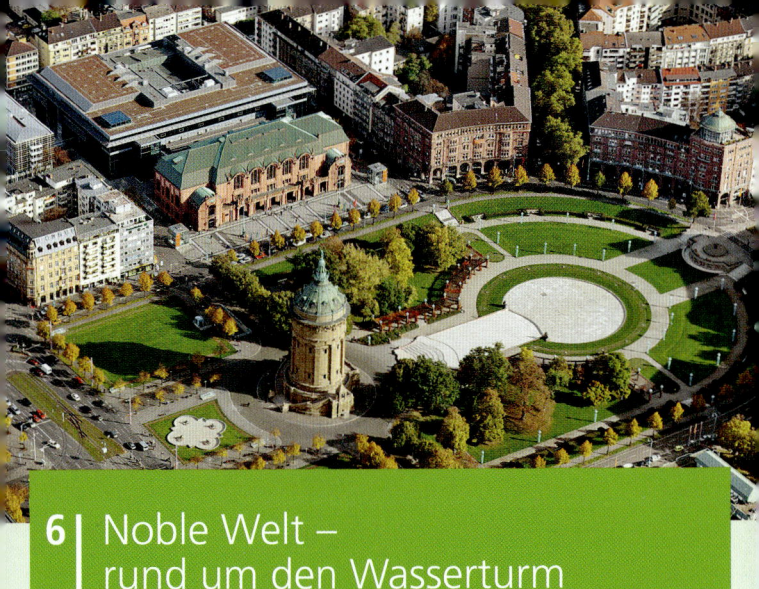

6 | Noble Welt – rund um den Wasserturm

Karte 2: ► C/D 5 | **Stadtbahn** Linie 2, 3, 4, 5, 6: Wasserturm

Die große Jugendstilanlage am Friedrichsplatz zählt zu den schönsten ihrer Art in Europa. Hier hat das etwas mondäne Mannheim Anfang des 20. Jh. Platz genommen, um bis heute da zu bleiben.

Die Oststadt und ihr Entree

Die Geschenke, die sich frühe Industriemagnaten zum 300-jährigen Stadtjubiläum Mannheims im Jahr 1907 selbst machten, können sich immer noch sehen lassen: Nicht genug mit dem Friedrichsplatz, der Kunsthalle und dem Rosengarten, es musste mit der Oststadt ein ganz neues Stadtviertel her, um den Stolz auf eine erfolgreich absolvierte Gründerzeit zu dokumentieren.

Dass der Autoverkehr rings um die schöne Anlage des **Friedrichsplatzes** 1 ganztägig stört, nehmen die Mannheimer stoisch hin. Am Wasserturm wird nach wie vor gerne gefeiert,

getagt, gegessen, getrunken, geflirtet und vornehm genächtigt. Wer sich dabei dem städtischen Trubel ein bisschen entziehen will, steigt einfach hinab in das Grün des kleinen Parks, der auf abgesenktem Niveau angelegt wurde. Umgeben von blühenden Rabatten und Jugendstil-Laternen, den Blick auf die prächtigen Wassertreppen und Becken gerichtet, fühlt man sich gleich vom städtischen Getriebe losgelöst.

Wahrzeichen

Der 60 m hohe und 19 m dicke **Wasserturm** 2 ist lange schon das Wahrzeichen Mannheims. Er lässt sich in seiner Monumentalität und reichen Gliederung ja auch so gut fotografieren. Aber den benachbarten Bauwerken und Einrichtungen kommt auf ihre Weise ebenso viel Bedeutung zu, dass man sie als weitere Mannheimer Wahrzeichen bezeichnen kann. Dies gilt für den 1900–1903 als Festhalle gebauten Ro-

Übrigens: Im Foyer des Rosengartens erinnert eine Bronzebüste an Sepp Herberger, der 1954 die deutsche Fußballnationalmannschaft als Trainer zur ersten Weltmeisterschaft führte. Er war 1897 in Mannheim-Waldhof geboren worden und starb dort auch 1977.

sengarten, der sich inzwischen zur umsatz- und besucherstärksten deutschen Tagungsstätte nach Berlin entwickelt hat, ebenso wie für die 1907 errichtete und eingerichtete Kunsthalle.

Der Wasserturm wurde 1886–1889 nach Plänen des Stuttgarter Architekten Gustav Halmhuber errichtet. Im Zweiten Weltkrieg von Bomben erheblich zerstört, nahm der wieder aufgebaute Turm dann bis ins Jahr 2000 die Funktion eines Reserve-Hochbehälters wahr. Seit 1987 steht er unter Denkmalschutz. Dieses Prädikat hat sich auch der straßenseitige Vorderbau des **Rosengartens** 3 verdient. Der Bau stellt als Jugendstilschmuckstück mit einem Dach aus grün lasierten Tonziegeln eine auch von außen beeindruckende Sehenswürdigkeit dar.

Der Bau wurde im Zweiten Weltkrieg stark zerstört und nur zum Friedrichsplatz hin wieder hergestellt. Hinter diesem historischen Gebäudeteil entstand 1974 ein Neubau, in dem sich der Mozartsaal als größter innenstädtischer Konzertsaal befindet. Im Rahmen einer aufwendigen Sanierung erhielt der Komplex 2006/07 weitere Raumkapazitäten, insbesondere eine zeitgemäße technische Ausstattung.

Auf der gegenüber liegenden Seite des Platzes wurde die **Kunsthalle** 4 im gleichen Zeitraum gebaut wie der Rosengarten und zum 300. Stadtgeburtstag im Jahr 1907 eingeweiht. Durch kontinuierliche Arbeit gelang es,

eine Sammlung von Weltniveau aufzubauen. Das Haus gilt als Wiege der Neuen Sachlichkeit. Schwerpunkte sind die Malerei des 19. und 20. Jh. sowie die umfangreiche Skulpturensammlung. Der imposante Jugendstil-Kernbau der Kunsthalle entstand nach Plänen des Karlsruher Architekten Hermann Billing (Billing-Bau). Er wurde 2013 nach einer dreijährigen Generalsanierung wiedereröffnet. Neben dem empfindsamen Umgang mit der historischen Situation zeichnet sich diese Sanierung durch eine wegweisende Energieoptimierung aus. Sonderausstellungen und 240 Spitzenwerke der Sammlung haben hier ihren Platz bis zur Eröffnung des Neubaus, der den abgerissenen Mitzlaff-Bau ersetzen wird. Die Eröffnung des zum Friedrichsplatz gewandten Neubaus ist für 2017 geplant. Er wird von der Architektensozietät Gerkan, Marg und Partner gestaltet. Zu den 70 Mio. € Kosten hat die Hector-Stiftung 50 Mio. € beigesteuert. Diese Stiftung wurde vom SAP-Mitbegründer Dr. Hans Werner Hector initiiert.

High Society: die Bars und Cafés am Platz

Das am Anfang der Augustaanlage gelegene **Leonardo Royal Hotel** 1, heißt erst seit 2014 so und löste das über Jahrzehnte beliebte ›Steigenberger Mannheim‹ ab. Ob es weiter die »Gut Stubb vun Mannem« bleibt, wird sich zeigen. Mit dem **Schatzkistl** befindet sich eine beliebte Kleinkunst- und Mundartbühne im Keller des Hotels. Hier zeigt sich an vielen Abenden im Jahr die Mannheimer Volksseele.

Auf dem Mittelstreifen der Augustaanlage, gleich beim Eingang des Hotels, hat Max Laeuger in den 1930er-Jahren ein **Carl-Benz-Denkmal** 5 geschaffen. Was daran erinnert, dass der so Geehrte in Mannheim damit begann, »die

Welt auf Räder zu stellen«. Ein paar Meter weiter Richtung Wasserturm ergänzt eine Bronzenachbildung des ersten fahrbereiten Automobils von Benz das Denkmal. Neuere Modelle dieser Fahrzeugmarke sieht man reihenweise in die Tiefgarage unter dem Friedrichsplatz einfahren. Einige ihrer Fahrer haben sich im **Onyx**  verabredet. In der Mischung aus Bar und Restaurant ist seit Jahren von vormittags bis spätabends Betrieb.

Jenseits der Augustaanlage machen sich zwei benachbarte Lokale Konkurrenz. Das **Café Flo** 2 erinnert in Einrichtung, Getränke- und Speiseangebot an ein französisches Bistro: wohltuende Lässigkeit und Genussfreudigkeit an den wenigen Tischen im Innern und an den Terrassentischen draußen. Lediglich die Großauswahl an leckeren Torten und Kuchen passt nicht so sehr ins Frankreichbild, was niemanden stört.

Ganz anders präsentiert sich das **Dolceamaro** 3 eine Straßenecke weiter. Viel Barock, schwere Möbel, goldene Stofftapete, Kronleuchter und weitere Accessoires, die einen um 100 Jahre zurückversetzen in einen zauberhaften Salon der ›goldenen Zwanziger‹. Tagsüber ist das Café gut für einen Pausenkaffee, abends für ein Glas Wein oder einen Cocktail.

Wenn Sie den Besuch des Friedrichsplatzes mit einem kulinarischen Highlight krönen möchten, gehen Sie ein paar Meter auf dem Friedrichsring und kommen dann zu **Da Gianni** 4. Dort hat der Sternekoch Staudenmaier bis 2011 die Messlatte für exzellentes Kochen sehr hoch gehängt. Sein Nachfolger als Chefkoch heißt Med Dridi und wird ebenfalls weithin geschätzt. Der Michelin-Stern glänzt weiterhin über einer der besten italienischen Küchen in Deutschland.

Info

Jugendstilanlage Friedrichsplatz 1: Die Wasser- und Farbspiele sind zwischen April und Ende Okt. Mo–Fr 12–14 u. 16–23 Uhr, Sa, So, Fei 11–23 Uhr zu sehen.
Kunsthalle Mannheim 4: Friedrichsplatz 4, Tel. 0621 293 64 52, www.kunsthalle-mannheim.de, Di–So, Fei 11–18, Mi 18–20 Uhr, jeden 1. Mi im Monat Eintritt frei, Erw. 9 €, erm. 6 €.
Leonardo Royal Hotel 1: Augustaanlage 4–8, Tel. 0621 4 00 50, www.leonardo-hotels.de, darin die Kleinkunstbühne **Schatzkistl** (S10, 44, www.schatzkistl.de).
Onyx 1: Friedrichsplatz 12, Tel. 0621 128 68 88, www.onyx-mannheim.de, Mo–Fr 11–1, Sa/So 9–1 Uhr.
Café Flo 2: Friedrichsplatz 15, Tel. 0621 418 20 83, Mo–Sa 9–1, So/Fei 14–24 Uhr, Kaffee und Kuchen ca. 5 €.

Dolceamaro 3: Friedrichsplatz 13, Tel. 0621 72 49 20 20, www.dolceamaro.de, tgl. 8.30–1 Uhr, offene Weine ab ca. 4 € (1/4 l).
Da Gianni 4: R7, 34, Tel. 0621 2 03 26, www.da-gianni.de, Di–Sa 12–14, 18.30–22, So 12–14 Uhr, Mo geschl., Hauptgerichte 24–40 €.

7 | Vegetarisch und sinnenfroh – das Restaurant Heller's

Karte 2: ▶ C 5 | **Stadtbahn** Linie 3, 4, 5, 6: Kunsthalle

»Darum beneidet man uns in Hamburg, London oder Rom!« – Der stolze Kommentar vieler Mannheimer zu ›ihrer‹ vegetarischen Schlemmerstube lässt sich bei einem Besuch leicht nachvollziehen.

Vegetarisch, vegan, vollwert – die Küche überzeugt

»Saftlos, kraftlos, fad«: Mit diesen Attributen wird sich die vegetarische Küche wohl ewig auseinandersetzen müssen. In Mannheim braucht man sich darüber seit 1987 nicht lange zu unterhalten. Wer den ›praktischen Beweis‹ der Sinnlichkeit und Sinnenfreudigkeit vegetarischer Gerichte nicht scheut, wird zwischen Wasserturm und Hauptbahnhof seine Freude haben und Gegenargumente Gabel für Gabel gerne schlucken.

»Delikat, fantasievoll, aromatisch« wird er sagen, wenn er nach dem Essen seine Erfahrungen bei **Heller's** 1 zusammenfasst. Durch die große Konstanz bezüglich Qualität, fairem Preis-Leistungsverhältnis, freundlichem Personal und Ambiente hat sich dieses Restaurant eine große Fangemeinde geschaffen, in der es auch eine ganze Reihe bekennender Fleischesser zu geben scheint, die der hier gebotenen vegetarischen Kost zumindest ab und an nicht widerstehen können. Vegetarier, Veganer und Vollwert-Fans kommen gleichermaßen zu ihrem Recht und dürfen sich über eine Großauswahl an Gerichten freuen.

Bezahlt wird 100-g-weise

Ein großes Salatbuffet ist mit 35 fantasievollen Variationen bestückt, und auf dem Pendant mit Gemüse und Bratlingen ist die Auswahl nicht kleiner. An den Buffets fällt die Entscheidung bei der verführerischen Vielfalt schwer. Gern bedienen sich die Gäste auch an den großen Suppentöpfen, deren Inhalte täglich wechseln und immer die Wahl zwischen deftig und fein sowie cremig und klar erlauben. Über mangelnde Nachfrage kann sich das Servicepersonal am Aktionsstand nicht beklagen. Diese montags bis freitags von 12 bis 14 Uhr zugängliche Station bietet zum Beispiel Gemüse aus dem Wok, Flammkuchen, Pasta oder griechische Gemüsepfanne.

Wer hier nicht fündig wird, kann noch auf der Tageskarte nachsehen, ob er rote Linsensuppe mit frischem Ingwer mag, nach der es vielleicht eine Portion aus der Dinkelnudel-Pfanne sein darf, die mit Brokkoli, Cashewkernen, Oliven und Thymiansoße gereicht wird. Abrunden kann man das Mahl am Dessertbuffet, wo fruchtige Quarks, Joghurtdesserts, Cremes und eine Kuchen-Torten-Auswahl die Entscheidung nicht leicht machen.

Zu den Merkmalen, die das Heller's so beliebt gemacht haben, gehört auch die Glaubwürdigkeit, wenn es um bestimmte Normen geht. Dass hier »alle Speisen frisch zubereitet werden« bedeutet auch den Verzicht auf industrielle Halb- und Fertigprodukte. Verwendete Eier kommen aus Bodenhaltung, statt Zucker wird Honig eingesetzt. Für Diabetiker, Allergiker und Veganer herrscht bezüglich der angebotenen Speisen große Transparenz, da alle Zutaten offen deklariert wer-

Übrigens: Kultstatus genießt seit Langem der Kokoskuchen des Restaurants. Es gibt Leute, die kommen deswegen aus anderen Stadtteilen hierher. Als Freunde von Bio-Lebensmitteln verbinden sie den Abstecher ins Heller's mit einem Einkauf im benachbarten Bio-Supermarkt **Alnatura** **1** (N7, 12, Mo–Sa 9–20 Uhr).

den. Bei aller Konsequenz kommen Genuss und Atmosphäre hier aber nicht zu kurz.

Ein bisschen wie Ikea – im Hinterhof ist es am schönsten

Mit seinen 170 Sitzplätzen und dem Konzept der Selbstbedienung wirkt das Restaurant manchmal etwas hektisch und laut. Ein großer Wintergarten, mediterrane Möbel, Grünpflanzen als Raumteiler und viel Licht lassen eine angenehme Atmosphäre entstehen. Trotzdem erinnert die Stimmung ein wenig an Ikea. Was nicht schlimm ist, aber die romantische Note, die man beim Essengehen ja manchmal sucht, gar nicht erst entstehen lässt. Als ruhige Oase zeigt sich hingegen der hübsch bepflanzte Hinterhofgarten mit seinen 90 Plätzen. Eine solche Idylle würde man gleich neben dem Hauptbahnhof und am Rand einer mehrspurigen Ringstraße nicht erwarten.

Info

Heller's **1**: N7, 13-15, Tel. 12 07 20, www.hellers-restaurant.de, Mo–Fr 11–20, Sa 11–16.30, So & Fei 11.30–15 Uhr, 24., 25. und 31. Dez. geschl. 100 g Gemüse oder Salat 1,59 €, große Schale Suppe 2,95 €, Hauptgericht ab 5,30 €. Der Zugang zum Restaurant und zu den Toiletten ist barrierefrei.

8 | Kunterbunte Szenewelt – die Schwetzingerstadt

Karte: ▶ C/D 5/6 | **Stadtbahn** Linie 1, 6, 8, 9: Tattersall

Im Zuge der Industrialisierung dicht bebaut, erfährt dieses Viertel im Rücken der Kunsthalle in jüngerer Zeit eine urbane Aufwertung: Interessante Cafés, Lokale und Läden tragen dazu bei.

Alles aussteigen! – Tattersall und ehemaliger Bahnhof

Einige Straßennamen in der Schwetzingerstadt (auch Schwetzinger Vorstadt genannt) sind uns dabei behilflich, etwas zur Lage und historischen Entwicklung dieses Stadtteils aufzunehmen: Ursprünglich hieß die Gegend im südöstlichen Anschluss an die Innenstadtquadrate »Schwetzinger Chaussee«, der Weg zur kurfürstlichen Sommerresidenz Schwetzingen. Zu Zeiten der Kurfürsten gab es hier noch keine Siedlungen, sondern große Felder und Augärten. Daran erinnert die Augartenstraße. Wo sie in die Seckenheimer Straße einmündet, pflegt das **Blumengeschäft von Jürgen Tekath** 1 die Gartentradition des Viertels und die barocke Art der Blumenzier sehr eindrucksvoll. Viele beschreiben es als das schönste Blumengeschäft Mannheims.

Die Burgstraße weiter unten verweist darauf, dass in dieser Gegend im Mittelalter eine Zollburg stand, die Burg Rheinhausen, nach der die Parallelstraße der Schwetzinger Straße benannt ist. Dass aus der Burg später eine Mühle wurde, erzählt die Krappsmühlstraße. Neuzeitlich und damit wohnlich machte der Bau des ersten Mannheimer Bahnhofs das Viertel. Als Güter- und Personenbahnhof wurde er 1840 am heutigen **Tattersallplatz** 1 errichtet, was eine intensive Industrie- und Wohnbebauung nach sich zog. Heute ist hier eine Straßenbahnhaltestelle und das Entree der Schwetzingerstadt. Erst vor Kurzem ist hier mit originellen Kneipen, Cafés, Restaurants und Geschäften junges Leben eingekehrt.

Viel Flair – Seckenheimer- und Schwetzinger Straße

Wer die beiden Längsachsen Seckenheimer Straße und Schwetzinger Straße entlangbummelt, erlebt schnell, dass hier eine Kneipenwelt heimisch geworden ist, die den legeren Genuss auf ihre Fahnen geschrieben hat. Wobei der Begriff ›Kneipe‹ völlig daneben liegt, wenn man im oberen Teil der Seckenheimer Straße unter der Hausnummer 20 das Feinschmeckerrestaurant **Dobler's** 1 besucht. Seit vielen Jahren erkocht sich Norbert Dobler regelmäßig einen Michelin-Stern. Als seine größten Stärken gelten vor allem fantasievoll zubereitete Fischgerichte und Soßen aller Art. Einrichtung und Ambiente des Restaurants passen sich im schnörkellosen Schick dem hohen Standard der Küche an, erlauben aber immer den zurückgelehnten und zwanglosen Genuss.

Ein paar Meter weiter (Nr. 26) hat das junge **Café Lido** 2 schnell Fuß gefasst. Die ehemalige Eisdiele wurde optisch in die 1960/70er-Jahre zurückversetzt. Dazu gibt es einen lauschigen Mini-Hinterhof, gut gemachte Snacks, ganztägig Frühstück, Kuchen und Eis. So wurde aus der Eisdiele eine gute Stube, in der man sich gerne für einen großen Kaffee und ein frisches Croissant niederlässt.

Für zwei Mannheimer Institutionen lohnt es, einen kleinen Abstecher von der Seckenheimer Straße zu machen. Er führt zunächst in die Keplerstraße 32 zum **Restaurant Hahnhof** 3 und dann an die nahe Ecke Bismarckplatz/Tattersallstraße zum **Gasthaus Goldene Gans** 4. Im Hahnhof hat 2014 eine lange gehegte Kurpfälzer Küche den Stab an junge Nachfolger weitergegeben, die mit einer leichten und leckeren Regionalküche überzeugen. In der Goldenen Gans, das Gasthaus mit der ältesten Mannheimer Schankerlaubnis, gibt es die besten Bratkartoffeln der

Stadt (außer in den Sommermonaten Juni bis August, wenn diese Weinstube ihre Küche geschlossen hält).

Weiter in der Seckenheimer Straße, wünscht man dem **Kaffee Kult** 5, dass es lange Bestand hat. Ob im Freien mit den Terrassentischen, an denen sich immer ein buntes Völkchen versammelt, oder im Innenraum mit Bistroambiente: Dieses Café ist durch sein lässiges Ambiente und das Großangebot an Leckereien wirklich Kult geworden.

Weiter unten in der Straße hat die **Galerie Glashaus** 4 mit der Hausnummer 96 ihren Platz. Das bunte Lädchen führt ausgefallenen Silber- und Steinschmuck. Viele kleine Partys und andere Veranstaltungen haben den Laden zu einem beliebten Hinwendungs-

Übrigens: Der Platz und die Stadtbahnhaltestelle **Tattersall** bilden die Pforte in den Stadtteil Schwetzingerstadt. ›Tattersall‹ wird als Begriff oft gleichgesetzt mit ›Reitbahn‹ oder ›Reithalle‹. Hinter dem Wartehäuschen der Straßenbahn steht heute noch ein Gebäude, das Ende des 19. Jh. als Reithalle und Pferdestall diente. Die Straßenbahnhaltestelle selbst steht unter Denkmalschutz. Das lang gestreckte Wartehäuschen wurde 1928 gebaut und gilt als typisches Beispiel der »neuen Sachlichkeit«.

punkt gemacht. Von dort aus kommt man auf der Seckenheimer Straße schnell zum ebenfalls sehr beliebten **Lemberg** 8. Auf der Höhe dieses Lokals biegt man in die Krappmühlstraße und folgt ihr bis zur Schwetzinger Straße, die, wieder in Richtung unseres Ausgangspunktes führt. Dort macht gleich an der Ecke Kleinfeldstraße der Vintage-Modeladen **Shemonster** 3 auf

Besonders bei studentischen Gästen beliebt: das Café Lido mit großer Teeauswahl

sich aufmerksam. Wer die Modejahre der 1950er bis 1990er mag, hält sich in dem Laden wahrscheinlich länger auf.

Der ein paar Meter weiter rechter Hand liegende Platz ist dem antifaschistischen Widerstandskämpfer und Kommunisten Georg Lechleiter gewidmet. Ein Denkmal auf dem **Georg-Lechleiter-Platz** 2 erinnert an die von ihm organisierte Widerstandsgruppe. Wie Lechleiter selbst wurden die meisten Mitglieder dieser Gruppe 1942 in Stuttgart hingerichtet.

Auf der linken Seite folgt dann in der Schwetzinger Str. 92 gleich die **Blum Coffee Bar** 9 als witzige Mischung aus Café (mit sehr leckerem Kuchen) und Design-Haus, in dem alle Einrichtungsgegenstände und viele Accessoires zum Verkauf stehen.

Essen und Trinken

Dobler's 1 : Seckenheimer Str. 20, Tel. 0621 1 43 97, www.doblers.de, Di–Sa ab 12 und ab 18 Uhr, So, Mo geschl. Hauptgerichte zwischen 25 und 35 €.

Café Lido 2 : Seckenheimer Str. 26, Tel. 0621 43 17 99 97, keine Website, So, Mo, Di 9–19, Mi–Sa 9–23 Uhr. Hauptgerichte 5–15 €.

Restaurant Hahnhof 3 : Keplerstr. 32, Tel. 0621 44 74 55, www.hahnhof-mannheim.de, Mo–Sa 17.30–22, So geschl. Hauptgerichte ab ca. 15 €.

Gasthaus Goldene Gans 4 : Ecke Bismarckplatz/Tattersallstraße 19, Tel. 0621 422 02 0, www.gasthaus-goldenegans.de, Mo–Sa 17–22 Uhr, in den Sommermonaten Juni–August bleibt die Küche geschlossen.

Kaffee Kult  **5**: Seckenheimer Str. 34, Tel. 0621 440 67 71, www.kaffee-roesterei-kult.de, Mo–Fr 7.30–23, Sa 9–20, So 10–20 Uhr, Hauptgerichte 5–9 €. Weiter unten in der Straße sind beliebt:

Arte e Gusto 6: Seckenheimer Str. 27, Tel. 0621 43 29 57 17, www.arteegusto.de, Mo–Fr 9–19, Sa 9–14 Uhr. Mischung aus Café, Bar (mit leckeren Italo-Snacks) und Laden.

Brasserie Bernstein 7: Seckenheimer Straße 58, 0621 494 91 59, www.brasserie-bernstein.com, Mo–Do 9–24, Fr, Sa 9–1, So/Fei 10–23 Uhr. Netter Treffpukt mit guter Bistroküche, Hauptgerichte ab 8,50 €.

Café Bar Restaurant Lemberg 8: Seckenheimer Str. 112–114, Tel. 0621 431 68 80, www.lemberg-mannheim.de, Mo–Sa 9–1, So 10–24 Uhr. Große Frühstückskarte, Hauptgerichte ab 8 €.

Blum Coffee Bar 9: Schwetzinger Str. 92, Tel. 0621 2 62 30, www.blumdu.de, Di–Fr 10–18, Sa 11–16, So 12–18 Uhr, Mo geschl. Mittagstisch nur Di–Fr, Hauptgericht 8–12 €.

Einkaufen

Blumen Tekath 1: Augartenstr. 2 (Eingang Seckenheimer Straße 30), Tel. 0621 41 40 11, keine Website, Mo–Fr 9–13, 14.30–18.30, Sa 9–14 Uhr. Viele Mannheimer erleben Jürgen Tekath nicht als Blumenhändler, sondern als Blumenkünstler. Das wird auch in diesem Laden deutlich.

Ateliergemeinschaft kleinfeld 44 2: Kleinfeldstraße 35 und 44, Tel. 0177 353 74 27, www.kleinfeld44.de, keine festen Öffnungszeiten. Galerie für Illustrationen, Malerei und Objekte.

Shemonster 3: Ecke Kleinfeldstr. 13/ Schwetzinger Str., kein Telefon und keine Website, Mo–Fr 10–19, Sa 11–18 Uhr, internationale Vintage-Mode ab den 1950er-Jahren.

Galerie Glashaus 4: Seckenheimer Straße 96, Tel. 0621 44 88 27, keine Website, Di–Fr 10–13 u.15–18, Sa 10–13 Uhr.

9 | Schöner Wohnen im Jugendstil – die Oststadt

Karte: ▶ D 5 | **Stadtbahn** Linie 2, 5: Rosengarten

Wer es sich leisten kann, nimmt sich in Mannheim eine Wohnung in der Oststadt. Die Gründe: wunderschöne Bausubstanz in Historismus und Jugendstil, der große Luisenpark ist als Nachbar genauso nah wie die Bummelstraßen der Innenstadt.

Schritt für Schritt – Vom Wasserturm zur Christuskirche

Das Ensemble des Friedrichsplatzes mit dem **Wasserturm** 1 , dem dort beginnenden Flanierweg der **Augustaanlage** 2 und dem Veranstaltungsbau **Rosengarten** 3 schenkte sich Mannheim zu seinem 300. Stadtgeburtstag im Jahr 1907 selbst (s. S. 43). Die Anlage ließ sich als bürgerlicher Gegenentwurf zum Schlossareal auf der westlichen Seite der Quadrate verstehen, und es war und ist das Entree in die noble Welt der Villen, die sich ebenfalls der prosperierenden Gründerzeit verdan-

ken. Bei einem Spaziergang sind prachtvolle Villen, Palais und kleine Privatschlösser zu entdecken.

Zunächst nimmt man vom Friedrichsplatz aus über die Elisabethstraße den Weg zur **Christuskirche** 4 , einem der schönsten Kirchenbauten der Stadt. An der Ecke Friedrichsplatz/Elisabethstraße freuen sich zwei Geschäfte nicht erst seit gestern über regen Publikumsverkehr.

Mitbringsel aus Indonesien waren das Erstsortiment des inzwischen attraktiven und großen Sammelsuriums aus Mode und Einrichtungsraritäten im **Makassar** 1 . Der geschmackvoll eingerichtete Shop trägt die Handschrift des Gestaltungstalents Jürgen Tekath (s. S. 48 u. 51).

Wer sich von außergewöhnlichen Einrichtungshäusern gerne inspirieren lässt, sollte den nah gelegenen Shop von **Seyfarth** 2 in der Augustaanlage 21–23 nicht auslassen: Möbel und Accessoires mit italienischem Design sind hier der Schwerpunkt.

Um die Ecke kann man in der Elisabethstraße (Nr. 1) den Eingang der **Fromagerie La Flamm** 3 nicht verfehlen. Hübsch drapierte Auslagen, eine riesige Auswahl und intensive Düfte verführen zum Gang an die große Kästheke. Ein paar Meter weiter in der Elisabethstraße macht es Spaß, in dem Laden **Art Déco Annette Stern** 4 mit der Hausnummer 7 stöbern. Dann, nach der ersten Biegung, steht man auch schon auf dem Werderplatz vor der Christuskirche.

»Unser Dom« – Stolz auf die Christuskirche

Die markante Kuppelkirche ist ein Jugendstilbau, der im Jahr 2011 sein 100-jähriges Bestehen feierte. Wenn das Bauwerk vom Volksmund gerne als »Mannheimer Dom« bezeichnet wird, drückt dies vor allem den allgemeinen Stolz auf eine sehr schöne Kirche aus, rückt aber auch in den Blick, dass der Deutsche Dom und der Französische Dom in Berlin mögliche Vorbilder für den Mannheimer Kirchenbau waren. Der mächtige, zur Kuppel ausgeweitete Turm ist an der umlaufenden Balustrade mit Apostelfiguren geschmückt und mit einem goldenen Posaunenengel gekrönt. Die Formensprache des Bauwerkes, das als »zentrale Repräsentationskirche« geplant werden sollte, verbindet neobarocke Elemente und Jugendstil.

Das Kircheninnere ist sehr harmonisch gestaltet und bietet 1700 Personen auch auf einer umlaufenden Empore Platz. Aufwendige Deckengemälde von Adolf Schinnerer (später Direktor der Akademie der Bildenden Künste in München) thematisieren die Auferstehung Christi. Die 1911 von der Firma Steinmeyer im romantischen Stil erbaute Orgel auf der Nordempore war zur Bauzeit die größte Orgel in Süddeutschland und erhielt in der Fachwelt wegen ihrer Klangqualität den ehrenvollen Namen »Mannheimer Wunderwerk«.

Die beiden Weltkriege überstand die Christuskirche fast unbeschädigt, was angesichts der starken Bombardierung Mannheims einem Wunder gleichkam.

Wie kleine Schlösser – Bummel im Villenviertel

Auf Höhe der Christuskirche stehen an der Seite der Werderstraße mit den geraden Hausnummern einige schönsten Stadtpalais. So die Villa Giulini (Nr. 38), deren Name mit einer Familie verbunden ist, die im 19. Jh. in Mannheim ein großes Chemie- und Aluminiumunternehmen aufbaute. Die Nachbarvilla (Nr. 40) wurde für Oskar Smreker gebaut, der sich im 19. Jh. als Begründer der Mannheimer Wasserversorgung einen Namen machte.

Und so geht es mit den Villen und den bis heute in Mannheim großen Namen weiter. Ein ›Villenplan‹ der Oststadt aus den 1930er-Jahren zählte allein im Carré Stresemannstraße, Augustaanlage, Otto-Beck-Straße und Kolpingstraße mehr als 70 große Villen. Besonders viel an dem historischen Baugut hat sich entlang der Viktoriastraße erhalten. Sie mündet in die Erz-

Übrigens: Das umfangreiche Programm an Konzert- und Chormusik kann man auf der eigens dafür eingerichteten Website www.christuskirche.org einsehen. Als feste Größe des Mannheimer Musiklebens umfasst die Agenda große Chorgesänge ebenso wie gregorianische Gesänge, Kammermusikabende, Bach-Festivals und Orgelnächte.

bergerstraße, wo mit der Nr. 18 ein Höhepunkt des Villenbaus in der Oststadt steht. Hier ließ sich der Fabrikant Karl Lanz (erste Traktoren in Deutschland)

die **Villa Lanz**  nach dem Vorbild französischer Barockschlösser bauen. Seit 2011 ist das Palais der Sitz eines Callcenters für medizinische Geräte.

Infos

Christuskirche Mannheim 4: Werderplatz 15, www.christuskirchemannheim.de, Mitte März–Ende Okt. Di, Mi, Do 13–17 Uhr zu besichtigen.

Shoppen

Makassar 1: Friedrichsplatz 15, Tel. 0621 15 32 15, www.makassar-mannheim.de, Friedrichsplatz 15, Mo–Sa 10–19 Uhr.

Seyfarth 2: Augustaanlage 21–23, Tel. 0621 460 97 55, www.seyfarth-einrichtungen.de, Di–Fr 10–19, Sa 10–16 Uhr.

Fromagerie La Flamm 3: Elisabethstr. 1, Tel. 0621 418 73 00, www.laflamm-mannheim.de, Mo–Fr 10–18.30, Sa 8.30–17 Uhr.

Art Déco Annette Stern 4: Elisabethstraße 7, Tel. 0621 43 75 94 01, www.artdeco-stern.de, Mi–Fr 10.30–13, 14.30–18, Sa 11–16 sowie n. V. Jenseits der Augustaanlage liegt die **Galerie Kasten** 5: Werderstraße 18, Tel. 0621 40 70 38, www.galerie-kasten.de, Di–Fr 14–19, Sa 12–15 Uhr und n. V. (zeitgenössische Kunst, Malerei, Skulpturen).

Für eine Pause

Lara's Café-Bar 1: Lameystr. 15, Tel. 0621 978 40 99, www.laras-cafebar.de, Mo–Fr 16–24, im Winter 17–24, Sa/So 10–24 Uhr. Gleichermaßen spätabendlicher Treff für die Schauspieler des Nationaltheaters wie angenehmes Frühstücks- oder Pausencafe.

10 | Erlebnisse im Grünen – der Luisenpark

Karte: ▶ E 5 und Karte 3 | **Stadtbahn** Linie 6, 9: Luisenpark/Technoseum

Die bunte Mischung aus zoologisch-botanischem Garten und Erlebnisraum umfasst 42 Hektar und gehört europaweit zu den schönsten Stadtparks. Die Zahl von anderthalb Millionen Besuchern jährlich zeigt, welche Popularität das grüne Herzstück der Stadt genießt.

Überblick von oben – Start am Fernmeldeturm

Schon nach Fertigstellung der ersten Abschnitte, die 1892–1903 angelegt wurden, gehörte der Luisenpark zum festen Bestandteil der Mannheimer Familiensonntage. Mit der Bundesgartenschau von 1975 erfuhr der Park eine weitere große Aufwertung durch eine Reihe neuer Attraktionen und eine erhebliche Ausweitung des Geländes um einen vormaligen Golfplatz. Um uns einen ersten Überblick über dieses schöne Stück gestaltete Natur zu schaffen, wählen wir nicht den Haupteingang, sondern den Eingang am **Fernmeldeturm** 1 mit dem Drehrestaurant **Skyline** 1. Dort gibt es auch einen großen Parkplatz. Es lohnt, sich mit dem Lift auf 121 m Höhe bringen zu lassen und den Turm als Ausguck zu nutzen, um sich in aller Ruhe einen Überblick zu verschaffen. Gleich nach dem Parkeingang können sich Kinder auf einem Spielplatz erst einmal nach Herzenslust austoben, während die Eltern den Gartenplan studieren.

Dann geht's zu einer kleinen Bootsfahrt auf dem **Kutzerweiher** 2. Am Fernmeldeturm haben die Gondolettas eine Anlegestelle. Die kleinen Boote fahren so ruhig, dass sich die Karpfen nicht stören lassen und von Bord aus gut zu beobachten sind. Am knapp 3 km langen Ufer des Kunstsees führen Spazierwege durch eine üppige Vegetation. »Alles aussteigen« heißt es dann an der **Festhalle Baumhain** 3. Über eine Treppe und vorbei an der Großvoliere mit Sichlern, Ibissen, Störchen, Löfflern und Hühnervögeln bekommt man schnell das Pinguingehege mit dem benachbarten Jungtierhaus in den Blick.

Ein Meer aus Seerosen – am Pflanzenschauhaus

Das nahe gelegene große **Pflanzenschauhaus** 4 bietet sich mit seinem **Café-Restaurant** 2 als guter Platz für ein kleines Mittagessen an. Wer einen Picknickkorb dabei hat, setzt sich einfach auf die Wiese. Hier sind auch die Seerosenterrassen mit einer Flamingokolonie zu bewundern. Wie eine subtropische Oase präsentieren sich die fünf Wasserbecken auf 2000 m². Zwischen Juni und Juli blühen die Seerosen in vielen Farben und Sorten auf. An den Beckenrändern haben Papyrusstauden, Wasseriris, Sumpfschwertlilien, Hechtkraut und viele andere Sumpfpflanzenarten ideale Lebensbedingungen gefunden.

Wer nach der kurzen Pause Bekanntschaft mit Mongolischen Rennmäusen, Liszt-Äffchen, Brauenkaimanen oder einer Tigerpython machen möchte, nimmt sich ein bisschen Zeit für einen Rundgang durch das Pflanzenschauhaus. Besonders eindrucksvoll ist dabei das Schmetterlingsparadies mit frei fliegenden tropischen Faltern.

Richtung Kutzerweiher gewandt, kommen dann gleich eine große Wellensittich-Voliere und das ›Storchennest-TV‹. Seit 1999 kann man hier mittels einer installierten Kamera das Leben in einem Storchennest auf dem Bildschirm hautnah verfolgen. Wer etwas Glück hat, sieht das Schlüpfen oder Füttern eines jungen Weißstorchs. Solcher technischer Spielereien bedarf es aber gar nicht, denn die schöne Komposition des Parks begeistert als solche.

Feng Shui im Chinesischen Garten

Im östlichen Teil des Luisenparks wurde 2001 ein großer Chinesischer Garten angelegt. Viele Besucher sehen darin einen Höhepunkt des Luisenparks. Bei der Errichtung des Gartens kamen typische schlichte Materialien wie Naturstein, Holz, Ziegel und Fliesen zum Einsatz. Geplant wurde er vom chinesischen Garten- und Landschaftsarchitekten Professor Li Zheng nach den Grundsätzen von Feng Shui, der ›Lehre von Wind und Wasser‹, der zufolge sich die unmittelbare Umgebung auf die Schönheit eines Bauwerks und auf das Glück seiner Bewohner auswirkt.

Die Anlage umschließt unter anderem ein original **chinesisches Teehaus** 3, eine Bühne, einen künstlichen Berg mit Wasserfall und einen Blumenpavillon. Im Teehaus gibt es eine Auswahl von 30 chinesischen Teesorten, wobei Kinder sich mehr an Litschi- oder Mangosaft halten. Mit der Duojing-Elektrobahn kommt man einmal pro Stunde bis 17.15 Uhr bequem vom Chinesischen Garten zum Ein-/Ausgang des Parks am Fernmeldeturm zurück.

Übrigens: Der Ausbau des Luisenparks verdankt sich in hohem Maße der Bundesgartenschau, die 1975 in Mannheim veranstaltet wurde. Dass Mannheim die Bundesgartenschau im Jahr 2023 erneut ausrichten kann, wird die Naturräume der Stadt weiter ausweiten. Insbesondere die bislang militärisch genutzten Flächen (Kasernen der US-Streitkräfte) sind dabei als künftige Park- und Naherholungsflächen vorgesehen. Weiterführende Informationen gibt die Website www.konversion-mannheim.de.

Info

Luisenpark Haupteingang 5:
Theodor-Heuss-Anlage 2, Tel. Besucher-
service: 0621 410 05-0, www.luisen
park.de, ganzjährig tgl. ab 9 Uhr bis ca.
21 Uhr in den Sommermonaten, bis
Einbruch der Dunkelheit in den Herbst-
und Wintermonaten. Eintritt Erwachsene: Tageskarte März–Okt. 6 € (erm. 4
€), Nov.–Feb. 3 € (erm. 2 €), Abendkarte März–Okt. 1,50 € (erm. 1 €).
Fernmeldeturm 1: Aufzug 5 €,
erm. 4 €, Kinder bis 7 Jahre frei

Einkehren im Park

Drehrestaurant Skyline 1: Hans-
Reschke-Ufer 2, Tel. 0621 41 92 90,
www.skyline-ma.de, tgl. 10–14, 18–22
Uhr, Hauptgerichte ab ca. 20 €, Dreh-
zeiten des Restaurants Mo–Sa 12–14,
15–17, 18–22, So/Fei 12–21 Uhr. Ein
grandioser Rundblick in 121 m Höhe,
wobei sich die Blickrichtung ständig
ändert, weil sich das Restaurant kaum
merklich um die Achse des Turms
dreht. Die Küche erhält konstant gute
Bewertungen.
**Café-Restaurant Pflanzenschau-
haus 2**: Luisenpark, Gartenschauweg
18, Tel. 0621 41 12 70, www.cafe-
pflanzenschauhaus.de, Öffnungszeiten
wie der Park, große Karte mit Kuchen
und Hauptspeisen.
**Teehaus im Chinesischen Garten
3**, östlicher Teil des Luisenparks, Tel.
0621 410 72 35, www.luisenpark.de/
mein-luisenpark/chinesischer-garten,
März–Nov. Mo und Mi–Sa 10–18, So
u. Fei 11–19 Uhr, Di geschl. Nov.–Febr.
nur So und Fei 12–17 Uhr, bei schlech-
tem Wetter frühere Schließung möglich. Das größte original chinesische
Teehaus Europas umfasst eine Fläche
von 220 m² auf zwei Stockwerken.

11 | Wissenschaft zum Anfassen – Technoseum und Planetarium

Karte: ▶ E 6 | **Stadtbahn** Linie 6, 9: Luisenpark/Technoseum

Die nah beieinander gelegenen Einrichtungen zeigen, wie sich Technik und Sozialgeschichte sowie Astronomie kurzweilig präsentieren können. Das Technoseum und das Planetarium Mannheim erfreuen sich seit vielen Jahren großen Zuspruchs.

Technik und Arbeit – das Technoseum

Seinen heutigen Namen erhielt das **Technoseum** 1 im Jahr 2009, als die Dauerausstellung ein neues Konzept erhielt und die gesamte Fassade des beeindruckenden Bauwerks restauriert wurde. Der ursprüngliche Name des 1990 eröffneten Museums lautete »Landesmuseum für Technik und Arbeit« und ist jetzt in die Unterzeile gerückt. Der Fokus des am Experiment und praktischen Erfahren ausgerichteten Museums liegt jetzt darauf, technische Entwicklungen verständlich zu machen und dabei deren Einfluss auf die Lebens- und Arbeitsbedingungen zu zeigen. Heranwachsende und erwachsene Besucher sollen dabei ein Gespür für die Chancen und Risiken moderner Technologie bekommen.

Schon zwei Jahre nach seiner Eröffnung wurde das an der Stadteinfahrt gelegene Haus von der Unesco als »Europäisches Museum des Jahres« ausgezeichnet. Die Begründung: eine außergewöhnlich gelungene Symbiose aus Form und Inhalt. Der elegante, ganz in Weiß gehaltene Bau und die auf Interaktion ausgerichteten Inhalte zum Zusammenhang von Technik- und Sozialgeschichte finden hier zu einer spannenden Präsentation zusammen.

Die Dauerausstellung präsentiert bildhaft und in Form vieler Experimentierzonen den technischen und sozialen Wandel vom 18. Jh. bis heute. Regelmäßige große Sonderausstellungen zu Schwerpunktthemen ergänzen das Programm.

Der Weg zur Milchstraße – das Planetarium

Auch das unmittelbar gegenüber gelegene **Planetarium** 2 bringt nicht nur Kinder zum Staunen. Die jüngsten Investitionen in Höhe von ca. 3 Mio. € sorgen ab den Sommermonaten 2015 für eine neue Projektionstechnik, um den Sternenhimmel unter der 20 m hohen Kuppel noch brillanter erscheinen zu lassen. Außerdem werden interaktive Erkundungen von Himmelskörpern möglich.

Ab Oktober 2015 kann man dann die virtuellen Reisen durch die geheimnisvolle Welt der Sterne, Planeten und Spiralnebel von 200 neuen Drehsesseln aus verfolgen. Anders als in einer Sternwarte braucht man hier nicht auf gutes Wetter zu warten. Im Planetarium werden die Himmelskörper von einem HighTech-Projektor naturgetreu an eine Kuppel projiziert, die das Himmelszelt ersetzt.

Das Hauptprogramm wechselt in größeren Abständen, bietet aber stets eine breite Palette an interessanten Themen. Sie reichen von der »Expedition Weltraum – Astronomie für Einsteiger« bis zu Shows zu den Asteroiden, die das Leben auf der Erde nachhaltig geprägt haben, für den Untergang ganzer Arten verantwortlich sein sollen und deshalb weithin als Gefahr wahrgenommen werden.

Für Kinder ab ca. fünf Jahren gibt es regelmäßig sehr fantasievolle Themen wie »Wo geht's denn hier zur Milchstraße?«, eine Geschichte, in der eine fünfte Klasse des Jahre 3001 einen Weltraumbus besteigt, um eine Reise durch das Sonnensystem zu beginnen. Auch Kinderbuchklassiker wie »Lars, der kleine Eisbär« finden sich in fantasievollen Umarbeitungen im Programm. Vortragsreihen zur Astronomie und Sonderveranstaltungen, die den schönen Bau des Planetariums für ganze andere kulturelle Themen nutzen (Liederabend, Hörspielabende etc.), ergänzen das Programm.

Das Planetarium Mannheim gibt es seit 1927, es war eins der ersten der Welt. Der erste Planetariumsbau stand im Luisenpark. Er wurde 1943 bei einem Bombenangriff getroffen und nach dem Krieg nicht mehr aufgebaut. Der moderne Bau am Europlatz besteht seit 1984.

Wer das Planetarium zwischen Ende Oktober und März besucht, sieht gleich daneben ein großes Spiegelzelt. Es trägt den Namen **Palazzo** 1 und ist mit seinen Dinner-Shows, bei denen Starkoch Harald Wohlfahrt für die gastronomischen Highlights sorgt, seit Jahren sehr beliebt. Zum 4-Gang-Menü gibt es ein Programm mit Akrobatik, Comedy, Tanz und Musik. Man muss pro Person zwar knapp 100 € für einen solchen Abend bezahlen, aber bisher hat niemand die Ausgabe bereut.

Übrigens: Ein historischer Schaufelraddampfer ist Exponat und als Ausstellungsort dem Technoseum zugeordnet, auch wenn sein Ankerplatz etwas von dem Technikmuseum entfernt liegt. Das **Museumsschiff** liegt unmittelbar neben der Kurpfalzbrücke vor Anker. Tel./Website wie Technoseum, tgl. 14–18 Uhr, 24., 31. Dez. geschl. Erw. 3 €, erm. 2 €, freier Eintritt bei Vorlage einer Eintrittskarte für das Technoseum vom selben Tag. Großes Thema an Bord: die Geschichte der Binnenschifffahrt. Versuchsstationen laden dazu ein, die Beschaffenheit des Neckarwassers unter das Mikroskop zu nehmen. Außerdem gibt es auf dem stillgelegten Ausflugsdampfer natürlich ein Café.

Infos

Technoseum **1**: Museumsstr.1, Tel. 0621 42 98-9, www.technoseum.de, tgl. 9–17 Uhr, 24. und 31. Dez geschl., Einritt 8 €, erm. 4 €. Rund um das Museum stehen mehrere Parkplätze zur Verfügung. Das gesamte Gebäude ist behindertengerecht ausgeführt. Im Museum gibt es ein Café.

Planetarium Mannheim **2**: Wilhelm-Varnholt-Allee 1 (Europaplatz), Tel. 0621 41 56 92, www.planetarium-mannheim.de. Erw. 7 €, erm. 5, Kinder bis 12 J. 3,50 €. Bei bestimmten Shows etwas teuerer. Öffnungszeiten je nach dem Programm. Grundsätzlich ist Mo geschlossen. Sa und So bilden Familien- und Kinderprogramme den Schwerpunkt.

Palazzo **1**: Europaplatz am Planetarium, Ticket-Hotline 01805 60 90 30, www.palazzovariete.de, Spielzeit Okt.–März

Essen und Trinken

Wer einen Museumsnachmittag bei Kaffee oder einem Glas Wein in angenehmem Ambiente abschließen möchte, läuft von Technoseum und Planetarium ca. 15 Minuten zum **Café Bar Restaurant Lemberg** **1**: Seckenheimer Str. 112–114, Tel. 0621 431 68 80, www.lemberg-mannheim.de, Mo–Sa 9–1, So 10–24 Uhr. Große Frühstückskarte, Hauptgerichte ab ca. 7 €. Etwa gleich weit ist der Weg zum sehr empfehlenswerten **Restaurant Saigon** **2**: Augustaanlage 54–56, Tel. 0621 146 04, www.saigon-mannheim.de, So–Fr 11.30–14, 17.30–23 Uhr, Sa nur abends, preiswerte Mittagsgerichte ab ca. 10 €. Das Restaurant wird seit vielen Jahren von der Fachpresse für seine ausgezeichnete vietnamesische Küche gelobt. Außerdem sehr angenehmes Ambiente und freundlicher Service.

12 | Rund um die Alte Feuerwache – in der Neckarstadt

Karte: ► C 3–4 | **Stadtbahn** Linie 1, 2, 3, 4: Alte Feuerwache

Mit der Alten Feuerwache und dem Capitol haben sich gleich am Eingang der Neckarstadt zwei Veranstaltungshäuser zu Evergreens gemacht. Die Alte Feuerwache ist mit ihren Ausstellungen und einem netten Biergarten auch tagsüber ein Tipp. Und außerdem gibt es ein abwechslungsreiches Drumherum.

Jazz it – Alte Feuerwache

Seit Anfang der 1980er-Jahre gehört dieser Veranstaltungsort zu den Zielen von Musikliebhabern der ganzen Rhein-Neckar-Region. Bis zu 800 Besucher finden in der neobarocken ehemaligen Fahrzeughalle Platz. Die **Alte Feuerwache** 1 glänzt mit regelmäßigen Konzerten von Jazz bis Hip-Hop, mit Ausstellungen, Lesungen und Partys. Zu den jährlich veranstalteten Festivals zählen u. a. »Enjoy Jazz« als internationales Jazzfest, (s. S. 18), der

»Neue Deutsche Jazzpreis« (s. S. 17) oder die »Imaginale« als jährlich stattfindende Internationale Figurentheatertage. Dazu kommen ein Literaturfest sowie ein Internationales Festival für Theater, Performance, Tanz und Kunst mit dem Namen »Wunder der Prärie«. Außerdem haben sich hier unter anderem das Kinder- und Jugendtheater Schnawwl sowie eine IG Jazz eingenistet, um Ambiente und Programm zu bereichern. Musikalische Kostproben in Form von Live-Jazzsessions gibt es alle zwei Wochen montags ab 21 Uhr.

Wer bei dem Stichwort ›Café‹ in dieser Gegend ein großes Stück Torte vor Augen hat, betritt nach zwei Minuten Fußweg in der Mittelstraße 11 das **Café Mohrenköpfle** 1. Hier ist nach Ansicht vieler Kenner der beste Tortenbäcker Mannheims am Werk. Gleich um die Ecke steht auf dem Alten Messplatz ein lang gestrecktes Glasgebäude: Das **Platzhaus** 2 hat sich als Restaurant und Bistro mit schickem Design zu einem früh- bis spätabendlichen Treff entwickelt. Weniger protzig ist die nahe **Pizzeria Adria** 3 am Anfang der Langen Rötterstraße. In den Sommermonaten gilt deren Terrasse als ein Wohnzimmer dieser Gegend. Um »Kunst für die Nachbarschaft« geht es im **COMMUNITY artCENTER** 2, einem interessanten Projekt in der Laurentiusstraße.

Großes kleines Haus – Capitol

Im Dezember 1927 wurde am Anfang der Waldhofstraße das **Capitol** 3 als damals modernstes und größtes Lichtspieltheater Mannheims eröffnet. Von Anfang an standen auch Revuen und Konzerte auf dem Programm. Mittlerweile ist das Kino stillgelegt. Aber es kommen über 150 000 Menschen pro Jahr zu mehr als 230 Konzerten, Musical-Shows mit eigenen Produktionen, Comedy-Acts, Kindertheater und Firmenevents. Der Mix und die nostalgisch-persönliche Atmosphäre des alten Kuppelbaus machen den Charme des Hauses aus.

Infos

Alte Feuerwache 1: Brückenstr. 2, Tel. 0621 293 92 81, www.altefeuerwache.com, Veranstaltungsprogramm auf der Website, Mo ab 21 Uhr Live-Jazz-Session. Die **Café/Bar** und der angeschlossene **Biergarten** sind stimmungsvolle Pausenplätze mit einer guten Küche (warmes Essen ab 17 Uhr): Tel. 0621 12 82 37 95, Mo–Do 10–1, Fr 10–3, Sa 13–3, So 13–1 Uhr.
COMMUNITYartCENTER 2: Laurentiusstr. 16, Tel. 0621-4 01 89 884, www.communityartcenter-mannheim.de. Junges Projekt, das sich mit einem interessanten Ausstellungs- und Aktionsprogramm an Kinder und Erwachsene aus der Nachbarschaft richtet. Weil das Programm so attraktiv wie die Location ist, kommt man auch von weit her ins **Capitol** 3: Waldhofstr. 2,

Kartentel. 0621 336 73 33, Mo–Fr 11–17 Uhr, www.capitol-mannheim.de.

Ausgehen im Viertel

Café Mohrenköpfle 1: Mittelstr. 11, Tel. 0621 33 38 86, keine Website, Di–Sa 10–18 Uhr, So 11–18, Mo geschl. Wunderbare Windbeutel (3,20 €) und beste selbst gemachte Pralinen.
Bistro-Restaurant Platzhaus 2: Alter Messplatz 7–8, Tel. 0621 181 42 82, www.platzhaus-mannheim.de, Mo–Do 10–1, Fr, Sa 10–2, So 10–24 Uhr, Tellergerichte ab ca. 11 €.
Pizzeria Adria 3: Lange Rötterstraße 1, Tel. 0621 33 22 10, www.pizzeria adria.de, tgl. 10–24 Uhr. Pizza ab 7 €. Ein Treffpunkt in der Neckarstadt, den man hier schon lange genießt.
Da Raffaele 4: Am Messplatz 8, Tel. 0621 339 35 30, www.ristoranteda raffaele.de, tgl. außer Mi 11.30–14.30 u. 18–24 Uhr. Unprätentiöse italienische Hausmannskost zum Verlieben, Mittagstisch, Tellergerichte ab ca. 9 €, gutes Angebot für Vegetarier.
Osteria Limoni 5: Schimperstr. 16, Tel. 0621 345 03, www.osteria-limoni.de, Di–So 12–14, 18–22.30 Uhr, Mo ganz und Sa Mittag geschl. Tellergerichte ab ca. 9 €. Ein weiterer, vielfach gelobter Italiener.

13 | Mannemerisch lerne – auf dem Marktplatz

Karte 2: ▶ C 4 | **Stadtbahn** Linie 1, 3, 4, 5, 7: Marktplatz

Wenn Händler und Käufer auf dem malerisch umrahmten Wochenmarkt über »Kruze« oder »Krummbeere« reden, meinen sie Kinder oder Kartoffel. Am Marktplatz und drum herum kann man gratis Grundkurse im Kurpfälzer Dialekt wie auch hinsichtlich türkischer Begrüßungsrituale nehmen.

Börek und Butterbrezel – am Marktplatz

In der Mitte des Platzes wird der barocke Brunnen von einer Figurengruppe gekrönt. Dargestellt ist unter anderem, wie Handelsgott Merkur seine Hand schützend über die Stadtgöttin Mannheimia hält. Das soll er auch weiter so tun und sich dabei von den Flussgöttern Rhein und Neckar kontrollieren lassen. Denn den vielen kleinen Händlern, die hier bei Wind und Wetter dienstags, donnerstags und samstagvormittags ihre Stände aufbauen, muss man einfach gute Geschäfte und eine schützende Hand wünschen. Sie verzaubern den Platz immer wieder neu in ein buntes Miteinander vor der schönen Kulisse des **Alten Rathauses** 1 und der damit verbundenen **Pfarrkirche St. Sebastian,** einem Ensemble, das noch aus der Kurfürstenzeit stammt. Es wird von einem Turm unterteilt, dessen beliebtes Glockenspiel täglich um 7.45 Uhr, 11.45 Uhr und 17.45 Uhr erklingt. An den Terrassentischen des **Cafés Journal** 1 lässt sich das Ambiente des Marktplatzes besonders gut genießen. Vor allem an den Markttagen liegt hier gute Laune in der Luft. An den Ständen sind die Frauen zu Scherzen aufgelegt: »Wilsch ebbes?« heißt »Möchtest Du was?«. Diese Frage stellt die Marktfrau einem Halbwüchsigen, der suchend umherblickt. »Ja, e Budderbrezel, awwer ich find käns!« – Die Marktfrau: »Dann hol der halt en Börek beim Türk um die Eck. Haw ich grad probiert, super!« – Und so schlendert der Bursche ins nahe **Istanbul** 2, ein Restaurant, in dem sich halb Türkisch-Mannheim trifft, aber auch andere Nationalitäten, die 1a Döner, Köfte oder Börek mögen. Wir sind hier am Rande des sogenannten Filsbachviertels, das die Quadrate ab etwa H4, J4, K4 bis hin zum Luisenring umschloss und als Arme-Leuts-Viertel galt. Heute wohnen dort viele Türken und prägen zusammen mit Studenten ein Mileu, das auch im angrenzenden Jungbusch vorherrscht: ein bisschen Kreuzberg in Mannheim.

Übrigens: Im damals ärmlichen Milieu der nahe beim Marktplatz gelegenen T-Quadrate lebte Anfang des 20. Jh. Peter Schäfer, ein kleinwüchsiger, geistig zurückgebliebener Mann, der sich durch den Straßenverkauf von Blumen verdingte. Er ging als ›Blumepeter‹ genannte Witzfigur in die Lokalgeschichte ein. Wichtiger als das Denkmal an den Kapuzinerplanken ist unseres Erachtens das im Wunderhorn-Verlag erschienene Buch von Eberhard Reuß: »Erinnerungen an den ›Blumepeter‹ – ein Mannheimer Schicksal«.

Froh zu sein bedarf es wenig: Hemmlein und Café Vienna

Zu einer Mannheimer Traditionsadresse sind es vom Marktplatz aus nur ein paar Meter in Richtung der S-Quadrate. Unter der Hausnummer S2, 2 findet sich mit dem **Hemmlein** 3 eine der ältesten und am längsten beliebten Gaststuben Mannheims. Hier gibt es unschlagbar preiswerte Gerichte aus Großmutters Kochbuch: Krautwickel, Sauerbraten und Bratkartoffeln. Mindestens eine solche Gaststube sollte es in jeder Stadt geben. Und schräg gegenüber gibt es mit dem **Café Vienna** 4 (S1, 15) eine weitere Institution. In dem Café mit Kneipenatmosphäre trifft man sich sonntags zum Brunch und abends auf ein Bier.

Infos

Wochenmarkt 1 auf dem Marktplatz G1, Di, Do 8–14, Sa 8–15 Uhr. Einkehren am Marktplatz
Café Journal 1: H1, 15, Tel. 0621 271 02, www.cafejournal-mannheim.

de, Mo–Sa 8.30–24, So 9.30–24 Uhr. Ein lange bewährtes Terrassencafé am Platz, das auch innen gemütlich ist.
Istanbul 2: H1, 14, Tel. 0621 208 88, www.istanbulrestaurant-café.de, Mo–Do u. So 8–1, Fr, Sa 8–5 Uhr. Viele türkische Traditionsgerichte wie Lahmacun, Pide und Döner (ab ca. 5 €).
Hemmlein 3: S2, 2, Tel. 0621 241 25, keine Website, Mo–Sa 11–23 Uhr, So, Fei geschl. Eine der ältesten und nach wie vor populärsten Mannheimer Gaststuben, nur ein paar Schritte entfernt.
Café Vienna 4: S1, 15, Tel. 0621 44 57 95 37, www.cafevienna.de, So–Do 10–2, Fr/Sa 10–3 Uhr, 2 x monatlich Sonntagsbrunch zum unschlagbaren Preis von 10,10 € (Anfang 2015).

14 | Grell, krass und scharf gewürzt – im Jungbusch-Viertel

Karte: ▶ B 3/4 | **Stadtbahn** Linie 2: Dalbergstraße

Eine große Moschee steht unmittelbar neben einer katholischen Kirche. Künstlerateliers finden sich in verwahrlosten Gründerzeitpalästen, und eine Popakademie steht nahe einer Grundschule mit 90 Prozent Ausländeranteil. Es riecht nach Hafen, Schnaps und billigem Aftershave. Hereinspaziert: Im Jungbusch ist das Leben grell, krass und scharf gewürzt.

Sultan Selim-Moschee und Liebfrauenkirche

Eine nicht alltäglich zu sehende Nachbarschaft pflegen am Luisenring die **Yavuz Sultan Selim-Moschee 1** und die katholische Liebfrauenkirche. An der Grenze zu den Innenstadtquadraten gelegen, wurde die Moschee 1995 eröffnet und gilt mit dem weithin sichtbaren Minarett deutschlandweit als größte und schönste ihrer Art. Sie ist symmetrisch aufgebaut und verfügt über zwei gleich gestaltete Eingänge. Hinter dem Eingang kommt man in der Mitte des Gebäudes zu dem Brunnen für die rituellen Waschungen. Daneben findet sich eine Cafeteria, die für alle, ob Muslim oder nicht, geöffnet ist. In der ersten Etage liegen der große Gebetraum und eine Empore, die ebenfalls zum Gebet genutzt wird. Man kann die Moschee ohne Anmeldung besichtigen, sollte dabei aber die Hausordnung beachten und beispielsweise die Teppiche nicht mit Schuhen betreten.

Die benachbarte **Liebfrauenkirche 2** wurde Anfang des 20. Jh. im neogotischen Stil errichtet. Eine 2009 begonnene Sanierung fand pünktlich zum Katholikentag im Mai 2012 in Mannheim ihren Abschluss. Neu zeigt sich jetzt nicht nur das Bauwerk. Die Kirche ist mehr denn je ein Ort der interkulturellen Begegnung. Religionspädagogische Führungen in Absprache mit der Moschee, Gottesdienste in den Sprachen, die im Jungbusch gesprochen werden, Kunstausstellungen und Musik gehören dazu.

Kunst und Kebab
In der Jungbuschstraße

Spannend und schroff, ärmlich und desillusioniert, reich in einer ganz anderen Art, rau und herzlich … all das verkörpert der Stadtteil Jungbusch. Der Kellner des **Rhodos** `1` am Luisenring hört auf den Spitznamen ›Katastropholus‹ und trägt ein T-Shirt mit dem Schriftzug »Das Tor zum Jungbusch«. In der Jungbuschstraße stehen noch einige alte Palazzos, die meisten grau und zerschlissen, einige wieder auf Vordermann gebracht. Sie stammen noch aus dem 19. Jh., als hier die vornehmste Schicht der Stadt wohnte: Reeder, Kapitäne, Handelsleute. In zweiter Reihe wohnten die sogenannten Sackträger, Männer, die Schiffsladungen aus- und umzuladen hatten.

Ihnen wurde am Spielplatz in der Beilstraße das **Sackträgerdenkmal** `3` gesetzt. Mit der nachlassenden Bedeutung von Rhein und Neckar als Handelswegen wurde das Viertel zum Kietz. Heute wohnen im Jungbusch mehrheitlich Türken.

Abseits des Mainstreams hat hier aber auch eine bunte Subkultur Quartier genommen. Was das bedeutet, wird im **Supper Artclub Strümpfe** `1` bei Ausstellungen und anderen Events sichtbar. Ein paar Meter weiter (Jungbuschstraße 8) gehörte es am späteren Abend in der **Onkel Otto Bar** `1` lange zu den Gepflogenheiten, auch ohne Strümpfe auszukommen. Heute erinnert nur noch das rote Licht an diese Zeiten. Neuzeitlich hingegen ist das kleine Restaurant **Zweite Liebe** `2` am Anfang der Beilstraße. Auch die **Hagestolz Bar** `2` weiter unten in der Jungbusch-

Übrigens: Rhein und Neckar bilden die historische Begrenzung des Stadtviertels Jungbusch. An den städtischen Ufern der beiden Flüsse konnten die dort wachsenden Büsche wegen des häufigen Hochwassers nie hoch und nie alt werden. Sie wurden regelmäßig überschwemmt und entwurzelt. Deshalb ›Jungbusch‹.

straße 26 gehört zu den jungen Läden für junge Leute. Vegetarier gehen gerne in die **Kombüse** `3` (Jungbuschstr. 23).

Die kreative Zeile am Hafen

Am Verbindungskanal führt die Jungbuschstraße auf die **Teufelsbrücke** `4`, die denkmalgeschützte, älteste noch erhaltene Brücke Mannheims. Und mit der Hafenstraße betritt man die ›kreative Zeile‹ des Viertels. Zu den markantesten Adressen zählen hier die **Popakademie** `5` und das ebenfalls am Kanal gelegene Kreativwirtschaftszentrum **C-HUB** `6`. Die Popakademie wurde 2003 in Betrieb genommen und gilt inzwischen als viel beachtetes Aushängeschild von Mannheim. Für den Jungbusch waren der schicke Bau und seine jungen Nutzer ein wichtiger Impulsgeber. Das Kreativwirtschaftszentrum soll im Nov. 2015 eröffnet werden. Es ist für kleine und mittlere Unternehmen der Kreativwirtschaft gedacht. In dem Komplex sollen auch Bars und Kunstgalerien Platz finden. Am schönsten ist es hier an späten Frühlingsnachmittagen. Wenn man bei einem Spaziergang durch die Jungbuschstraße, die Beil- und Hafenstraße einen Expresso genießt, Leute beim südländisch lebendigen Gestikulieren erlebt und eine Ecke weiter die ausgehängte Speisekarte liest, verlässt man Deutschland auf höchst angenehme Weise.

Infos

Zur Einführung gut: www.jungbusch
zentrum.de

Yavuz Sultan Selim-Moschee 1:
Luisenring 28, www.moschee-mann
heim.de, tgl. 10–20 Uhr, Café in der
Moschee tgl. 10–18 Uhr.

Aufbruchstimmung im Jungbusch schuf
die **Popakademie** 5, Hafenstr. 33,
www.popakademie.de. In der Nachbarschaft liegt das Zentrum für Kreativwirtschaft **C-HUB** 6, Hafenstr. 25–27,
www.c-hub.de.

Ausstellungen und Kulturevents gibt es
auch hier: **Strümpfe – The Supper
Artclub** 1: Jungbuschstr. 3, Tel. 0621
86 25 10 47, www.struempfe-jung
busch.de, Fr/Sa 20–2 Uhr sowie bei
Zeitraumexit 2: Hafenstr. 68, Tel.
0621 33 93 97 55, www.zeitraumexit.
de, zumeist Fr–So ab 14 Uhr bis
abends.

Essen und Trinken

Rhodos 1: Luisenring 24, Tel. 0621
2 44 98, Mo–Sa ab 20 Uhr. Seit 40
Jahren Rhodos-Platte für wenig Geld.
Zweite Liebe 2: Beilstr. 3, Tel. 0621

43 72 37 02, www.zweiteliebe.de, Do,
Fr, Sa ab 16 Uhr, Hauptgerichte ab ca.
20 €. Klein und fein.

Kombüse 3, Jungbuschstr. 23, Tel.
0621 43 73 70 61, Di–Fr 11–23, Sa
17–1 Uhr. Vegetarisch und vegan,
Tellergerichte ab 5 €.

Café Buschgalerie 4: Dalbergstr.
24, Tel. 0621 2 51 83, www.cafebusch
galerie.de. Do, Fr 17 Uhr bis ›nix mehr
los is‹, Sa, So ab 14 Uhr, Mo–Mi geschl.
Selbst gemachte Currywurst.

Die Küche 5: Hafenstr. 49, , Tel.
0621 39 74 77 33, www.diekueche-
mannheim.de, Mo–Fr 10–16, 18–24,
Sa 18–1 Uhr, Hauptgerichte ab ca. 8 €.
Populäres Speiselokal mit Sonnendeck.

Abends und nachts

Onkel Otto Bar 1, Jungbuschstr. 8,
kein Telefon, www.onkelottobar.de, Fr
und Sa 21–3 Uhr. Ein ehemaliges Rot-
licht-Lokal, das dringend unter Denkmalschutz gestellt werden müsste.

Hagestolz 2, Jungbuschstr. 26,
www.hagestolzbar.de, Mo–Sa ab 20–1
Uhr. Lässige Bar in der ehemaligen
Schifferbörse.

15 | Flanieren und Spazieren – in Ludwigshafen

Karte: ▶ A/B 5/6 | **S-Bahn** Linie 2: Ludwigshafen Mitte

Von Mannheim aus ist es eine 5-Minutenfahrt mit S-Bahn, und schon kann man auf der anderen Rheinseite einen Uferbummel unternehmen. Gehobenes Shopping bietet dabei die Rheingalerie, stimmungsvolle Landschaftsbilder zeigen sich auf der Parkinsel.

130 Geschäfte schön verpackt – die Rheingalerie

Das Gebäude der S-Bahn-Haltestelle Ludwigshafen Mitte fällt durch seine elegante und transparente Architektur auf. Hier ist der Ausstieg für alle, die, von Mannheim kommend, dem Rheinufer Ludwigshafen einen Kurzbesuch abstatten wollen. Richtung Norden braucht man als Fußgänger von hier aus bis zur **Rheingalerie** 1 kaum zehn Minuten. Die große, 2010 eröffnete Shopping-Galerie liegt direkt am Rhein und hat mit ihrer attraktiven Ar-

chitektur und einem gelungenen Branchenmix aus 130 Geschäften und Lokalen schnell ein großes Publikum gefunden. Einen deutlichen Schwerpunkt bilden dabei die vielen Modeboutiquen. Die Ladenstraße zieht sich zweigeschossig über 300 m Länge und schafft durch Lichthöfe, Terrassen und durchgehende Glasfronten einen angenehmen Bezug zum Rhein. Durch sein großes Angebot und ein beeindruckendes Ambiente hat sich das Center zu einem Magneten für die ganze Region links und rechts des Rheins entwickelt.

Parkinsel

Zurück in Richtung S-Bahn-Station, liegt noch vor der Rheinbrücke der kleine **Rheinuferpark** 1, von dem aus die Innenstadt auch zu Fuß schnell zu ereichen ist.

Hinter der Brücke folgt auf gleicher Straßenseite die Walzmühle, ein historisches Mühlengebäude, in dem nach

technischer Stilllegung und umfassen-
der Sanierung seit 1985 mehrere Frei-
zeiteinrichtungen und Geschäfte untergebracht sind. In der Mitte der beiden
Trakte wurde im Jahr 2000 das **Ernst-
Bloch-Zentrum** **2** eingerichtet. Es
dient als sehenswerter Ausstellungs-,
Studien- und Tagungsort sowie zur Auf-
bewahrung des wissenschaftlichen
Nachlasses des aus Ludwigshafen
stammenden Philosophen.

Von hier aus führt die Rheinpromenade zur **Parkinsel** **3**, die zu jeder
Jahreszeit einen Besuch lohnt. Die kleine Insel ist der Ludwigshafener Süd-
stadt vorgelagert und wurde 1900 als
Park angelegt. Sehenswert ist der **Pe-
gelturm** **4** an der Kammerschleuse
im Süden der Insel, mit dem seit über
100 Jahren der Pegelstand des Rheins
gemessen wird.

1968 erleichterte der Bau eines großen Damms die teilweise Urbanisierung
der Insel. So kann man hier die Villen
der örtlichen Prominenz bestaunen oder
einfach in dem kleinen Auwald unter Ul-
men und Eschen spazieren gehen und
den Blick von Rheinschiffen zu Grün-
spechten und Zaunkönigen schweifen
lassen. Eine reizvolle Perspektive bietet
von hier aus auch das Mannheimer
Schloss auf der anderen Rheinseite.

Ein schöner Rastplatz oder auch Tipp
für den abendlichen Abschluss des kleinen Ausfluges nach Ludwigshafen ist
das **Restaurant Insel Bastei** **1** im
Norden der Parkinsel. Die stimmungsvolle Terrasse zum Rhein eignet sich für
ein Abendessen ebenso wie für ein Bier
oder ein Glas Wein.

Eine zauberhafte Abendstimmung
verbreitet sich jährlich Ende Juni für
zehn bis vierzehn Tage über die ganze
Parkinsel. Das ist seit 2005 die Zeit, in
der das »Festival des Deutschen Films«
hier, am Ufer des Rheins, seine Zelte
aufbaut, und diese immer mit sehens-
werten Filmen bespielt (s. S. 17).

Infos

Rheingalerie **1**: Im Zollhof 4, Ludwigshafen, Tel. 0621 591 834 10,
www.rheingalerie-ludwigshafen.de,
Mo–Sa 10–20 Uhr.
Ernst-Bloch-Zentrum **2**: Walz-
mühlstr. 63, Ludwigshafen, Tel. 0621
504 20 41, www.bloch.de, Öffnungszeiten der Ausstellung Di, Mi 14–17,
Do 14–20 Uhr sowie nach Vereinbarung.

Pause auf der Insel

Insel Bastei **1**: Parkstraße 70, Ludwigshafen, Tel. 0621 588 95 07,
www.myinselbastei.de, Di–Fr 11.30–
14.30 u. 17.30–23, Sa u. So 11–23
Uhr. Bistro-Stil, große Terrasse mit
schönem Blick zum Rhein, preiswerte
und gute Küche, man kann aber auch
einfach nur einen Kaffee trinken.

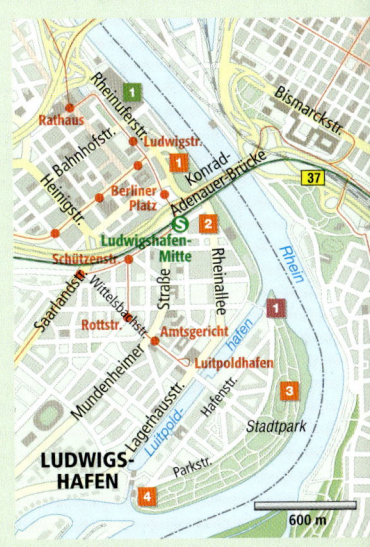

Noch mehr Mannheim

Bauwerke und Plätze

Arkaden ▶ Karte 2, D 5
Friedrichsplatz, Oststadt, Stadtbahn 3, 4, 5, 6, 7: Kunsthalle
Bei einem Arkadenbummel um den Friedrichsplatz (s. S. 43) lernt man sowohl die schönen Jugendstilbauten des frühen 20. Jh. kennen als auch edle Geschäfte, beliebte Cafés und Lokale.

Brücken
In einer Stadt, die durch zwei Flüsse geprägt ist, ist es für Streckenplanungen sinnvoll, den Namen der Brücken zu kennen. Von der Innenstadt in die Neckarstadt führen in West-Ost-Reihenfolge über den Neckar: die Jungbuschbrücke, die Kurpfalzbrücke und die Friedrich-Ebert-Brücke. Über den Rhein nach Ludwigshafen stehen dem Autoverkehr die Kurt-Schumacher-Brücke und die Konrad-Adenauer-Brücke zur Verfügung.

Collini-Center ▶ Karte 2, D 4
Collinistraße 5, Oststadt, Stadtbahn 5: Collini-Center
Der 102 m hohe und 32 Etagen zählende Wohnkomplex am Rande der Innenstadt wurde 1975 errichtet und war als ›Wohnfabrik‹ lange nicht nur unter städtebaulichen Aspekten umstritten. In den unteren Etagen sind u. a. das Kino ›Cinema Quadrat‹ und einige städtische Behörden untergebracht. Inzwischen ist der 1970er-Jahre Bau stark renovierungsbedürftig. Ein baldiger Umzug des Kinos ist möglich.

Hafen Mannheim ▶ A–C 1–4
Der Mannheimer Hafen ist nach dem Duisburger der zweitgrößte Binnenhafen in Deutschland. Knapp 500 Firmen mit gut 20 000 Arbeitsplätzen haben hier ihren Sitz. Er liegt im westlichen und nordwestlichen Anschluss an die Innenstadt, wo Rhein und Neckar zusammenfließen. Dazu kommt das große Becken des südlicher gelegenen Rheinauhafens. Seine große Bedeutung in der Neuzeit erlangte der Mannheimer Hafen 1831 durch die erste Rheinschifffahrtskonvention. Gemäß dieser Akte war Mannheim bis 1910 Endpunkt der Großschifffahrt auf dem Rhein. Mehrere Hafenbecken und Funktionshäfen (Handel und Industrie) machen dieses große Wasserareal für Fremde nicht einfach überschaubar. Eine Hafenrundfahrt (s. S. 25) oder auch die Website www.hafen-mannheim.de können da helfen.

Herschelbad
s. S. 21

Holocaust-Denkmal
▶ Karte 2, C 4
P2 (Planken am Paradeplatz), Innenstadt, alle Linien der Stadtbahn: Paradeplatz
Ein großer gläserner Kubus auf den Planken erinnert seit 2003 durch von außen spiegelverkehrt lesbare Namen an die 2240 Juden, die in Mannheim zwischen 1933 und 1945 von den Nazis ermordet wurden. Der Künstler Jo-

chen Kitzbihler schuf dieses Mahnmal. Von unten angestrahlt, soll sein Objekt vor allem an die Kraft und die Bedeutung erinnern, die jüdische Bürger für die Stadt hatten. Ein Gegenmodell zu Berlin mit seinen dunkelgrauen Betonstelen? Er sei von dem Begriff Mahnmal bewusst weggegangen und habe es als Gedenk-Skulptur gesehen, so Kitzbihler. In dem Begriff Mahnmal schwinge für ihn etwas Deutsch-Moralisches mit. »Wer mahnt, der droht auch, und das ist eine Art und Weise, in der man der Sache nicht begegnen sollte.«

Kapuzinerplanken ▶ Karte 2, C 5
O5–O6 (Innenstadt), Stadtbahn 2, 3, 4, 6: Strohmarkt
Der kleine Innenstadtplatz, auf dem freitags ein Bio-Markt abgehalten wird (s. S. 102), ist ein beliebter Treffpunkt. Seinen Namen erhielt er von einem Kapuzinerkloster, das ehemals den Platz begrenzte. Das von der Tageszeitung Mannheimer Morgen gestiftete Denkmal des ›Blumepeter‹ erinnert hier an ein stadtbekanntes Original, mit dem sich viele Anekdoten verbinden.

Kunstmeile ▶ D 5–E 6
Augustaanlage, Stadtbahn 6, 9: Planetarium
Eine Reihe zeitgenössischer Großplastiken schmückt seit 1994 den östlichen Stadteingang. Eröffnet wird diese Reihe durch die monumentale, fast 13 m hohe Skulptur ›Die große Mannheimerin‹ des Bildhauers Franz Bernhard (1993). Sie steht auf dem Autobahnmittelstreifen in Höhe des Planetariums. Eine jüngere Station dieser Kunstmeile heißt ›Mannheimer Himmelskugel‹. Sie wurde als 8 m umfassende bizarre Kugel aus Schwemmholz vom Künstler Mo Edoga im Juni 2005 auf dem Karl Reiß-Platz (neben dem Kunstverein) dem Publikum vorgestellt.

Lanzkapelle ▶ C 6
Meerfeldstr. 87, Lindenhof, Stadtbahn 3: Lindenhofplatz
Die Lanzkapelle und das alte Heinrich-Lanz-Krankenhaus lagen ursprünglich an der Ecke Meerfeldstraße/Landteilstraße. Beides waren Stiftungen von Heinrich Lanz, dem ersten deutschen Traktor-Produzenten, und seiner Schwester Julia. Neben dem Krankenhaus sollte auch die kleine Kapelle abgerissen werden. Einer Bürgerinitiative ist der ›Umzug‹ der Kapelle in die Meerfeldstraße zu verdanken. Seit 2002 ist die Kapelle ein beliebter Ort für Kulturveranstaltungen und kleine Besichtigungen nach Voranmeldung unter Tel. 0621 48 34 83 98.

Palais Bretzenheim
▶ Karte 2, B 5
A2, Innenstadt, Stadtbahn 1, 5, 6, 7: Schloss
Eines der wichtigsten Häuser aus der Kurfürstenzeit, um das sich einige Anekdoten ranken. Das Palais wurde 1781–88 nach den Plänen von Peter Anton von Verschaffelt in streng klassizistischem Stil erbaut. Kurfürst Carl Theodor soll hier seinen Maitressen und den mit ihnen gezeugten Kindern einen Wohnort geschaffen haben. Und Mozart war deren Klavierlehrer. Im Zweiten Weltkrieg völlig zerstört, zeigt das Haus heute eine stilgerecht rekonstruierte Fassade sowie ein historisch nachempfundenes Treppenhaus. Das Palais wird vom Amtsgericht genutzt.

Paradenplatz ▶ Karte 2, C 4/5
O1, Innenstadt, alle Stadtbahnen: Paradeplatz
Der Paradeplatz und frühere Alarmplatz ist absoluter Orientierungs- und Mittelpunkt der City. Hier haben alle Stadtbahnlinien einen Haltepunkt, und große Warenhäuser, darunter auch das

Mannheims Universität hat den Vorteil der kurzen Wege

Stadthaus (s. S. 73), bilden die Randbebauung. Blickfang auf dem Platz ist der barocke Brunnen mit der mächtigen Figurenpyramide. Er wurde 1738 vom damaligen Hofbildhauer Gabriel de Grupello errichtet. Bei der Grupello-Gruppe handelt es sich um Repliken. Die Originalfiguren verschwanden 1942, als Metall für die Kriegsproduktion eingezogen wurde. Sie tauchten jedoch 1977 überraschend wieder auf und sind offenbar in Privatbesitz.

Schillerplatz ▶ Karte 2, B 5
B3, Innenstadt, Stadtbahn 1, 5, 6, 7: Schloss
Der nahe beim Schloss gelegene Platz war bis zum Zweiten Weltkrieg ein kulturelles Zentrum der Stadt. Hier stand das 1779 von Kurfürst Carl Philipp gestiftete Nationaltheater, eine Entschädigungsgeste an die Stadt Mannheim für die 1778 vorgenommene Verlegung der Residenz nach München. 1782 fand im Nationaltheater die Uraufführung von

Schillers zeitkritischem Erstlingswerk ›Die Räuber‹ unter großem Beifall statt. Das bronzene Schillerdenkmal auf dem Platz stammt aus dem Jahr 1862. Außerdem erinnert auf dem Platz seit 1995 ein von Marita Kaltenborn und Waltraud Suckow gestaltetes Mahnmal an die Mannheimer Trümmerfrauen.

Spitalkirche und
Friedensengel ▶ Karte 2, B 4
E6, Innenstadt, Stadtbahn 1, 3, 4, 5, 7: Marktplatz
Spätbarocker Bau, 1786–87 erbaut. Im Zweiten Weltkrieg wurden das Hospital und die Kirche zerstört. Der Wiederaufbau der Kirche erfolgte in vereinfachter Form. Heute finden hier auch Gottesdienste für Gläubige aus Polen und aus der Slowakei statt. Nach dem 2. Weltkrieg wurde auf einem Nachbargrundstück die Skulptur »Friedensengel« von Gerhard Marcks als Mahnmal für die Opfer des Nationalsozialismus errichtet. Sie wurde 1983 nach E6 versetzt.

Stadthaus ▶ Karte 2, C 5
N1, Innenstadt, alle Stadtbahnlinien: Paradeplatz.

Das Stadthaus am Paradeplatz, von Carlfried Mutschler erbaut und 1991 eröffnet, bezieht sich in seiner Architektur auf das Alte Kaufhaus aus dem 18. Jh., das im Zweiten Weltkrieg zerstört wurde. Insbesondere der herausragende Mittelturm ist als historisches Zitat zu verstehen. Waren Teile des historischen Kaufhauses schon Sitz der Provinzialregierung, so ist der neue Bau neben seiner Nutzung durch Geschäfte und Gastronomie auch Tagungsort für den Gemeinderat. Teile der Stadtbücherei und die Abendakademie haben hier ebenfalls ihren Platz. Für Kunst am Bau hat der bekannte Lichtkünstler Heinz Mack durch eine Installation gesorgt.

Synagoge ▶ Karte 2, C 4
F3, 4, Innenstadt, Stadtbahn 1, 3, 4, 5, 7: Marktplatz

Der große Synagogenbau und das integrierte Gemeindezentrum der jüdischen Gemeinde Mannheims wurden 1987 eingeweiht. In quadratischer Form, mit hohen Fenstern und zentraler Kuppel erinnert der Bau des Architekten Karl Schmucker an die große Synagoge in Jerusalem. Ein Zeichen der großen Offenheit, die von der Jüdischen Gemeinde mit ihren 600 Mitgliedern gepflegt wird: Die großen Festräume werden auch vermietet. So fand hier sogar schon eine türkische Hochzeit statt. Im Quadrat F1 (Marktplatz) befand sich von 1708 bis 1940 eines der beiden alten jüdischen Gotteshäuser der Stadt. In der Pogromnacht vom November 1938 wurde es geschändet und weitgehend zerstört. Auch die zweite Synagoge im Quadrat F2 fiel der ›Reichskristallnacht‹ zum Opfer. Mit der Deportation von 2000 jüdischen Mannheimern nach Gurs am 22.10.1940 wurde das Leben der jüdischen Gemeinde in Mannheim für lange Zeit ausgelöscht.

Universität Mannheim
▶ Karte 2, B/C 5
Schloss, Innenstadt, Stadtbahn 1, 5, 6, 7: Schloss, www.uni-mannheim.de,

Die Universität Mannheim genießt das seltene Privileg, in einem Barockschloss untergebracht zu sein. 1907 als Handelshochschule gegründet, fand die Wirtschaftshochschule 1955 im Ostflügel des Barockschlosses ihren Platz. 1967 erfolgte die Umbenennung in ›Universität‹. Die Zahl von damals 3150 Studierenden ist inzwischen auf 11 000

REM – Regie einer Museumslandschaft

Die Auflösung des Kürzels REM lautet **Reiss-Engelhorn-Museen,** eine Organisation, die das Mannheimer Museumsleben dominiert. Mit den Museen Zeughaus, Weltkulturen, Bassermannhaus für Musik und Kunst und dem Schillerhaus verfolgen die REM erfolgreich das Ziel, den Museumsstandort Mannheim zu stärken. Dazu kommen noch zwei besondere Sammlungen zur historischen und zeitgenössischen Fotografie: Das **Forum Internationale Photographie** (4. OG im Zeughaus, s. S. 34) mit dem Oeuvre von R. Häusser, Beständen der REM und der zeitgenössischen Gernsheim-Sammlung. Im **ZEPHYR – Raum für Fotografie** (s. Museum Bassermannhaus, S. 74) werden zeitgenössische Fotografie und verwandte Medien präsentiert.

angewachsen. Ebenso viele studieren heute an den anderen Hochschulen der Stadt. Rankings großer Publikums- und Wirtschaftszeitschriften sehen die Mannheimer Universität und vor allem die Fakultät der Wirtschaftswissenschaften auf ersten Plätzen. Ein Studium in Mannheim birgt demzufolge gute Chancen für den Start ins Berufsleben. Zum Festjahr 2007 zeigte sich der Mittelbau des Schlosses wieder mit großer Pracht, einem eigenen Museum und der historisch getreuen Form des Dachs, unter dem sich nun die ›schönste Unibibliothek Europas‹ befindet. Zum Studentenfrühstück lädt eine Terrassen-Cafeteria im Ehrenhof ein.

Museen und Ausstellungen

Dalberghaus ▶ Karte 2, C 5
N3, 4, Innenstadt, Tel. 0621 293-89 00, www.mannheim.de/node/1341, Di, Mi, Do 13–18, Fr 11–18 Uhr, erster Sa im Monat 10–14 Uhr, alle Linien der Stadtbahn: Paradeplatz
Im ehemaligen Wohnhaus des Freiherrn Wolfgang Heribert von Dalberg, berühmter Intendant des Nationaltheaters, unter dem Schiller 1782 seine ›Räuber‹ in Mannheim uraufführte, ist die Musikbibliothek der Stadt untergebracht. Hörenswerte Sammlung zur Mannheimer Musikgeschichte auf Tonträgern. Ein Dalberg-Denkmal steht übrigens gegenüber auf dem Quadrat N2.

KZ Gedenkstätte Sandhofen
▶ nördl. C 1
Kriegerstraße 28 (Gustav-Wiederkehr-Schule), Sandhofen, www.kz-gedenk staette-sandhofen.de, keine festen Öffnungszeiten, Terminvereinbarung unter Tel. 0621 338 56-0, Stadtbahn 3: Sandhofen, Eintritt frei

Die Gedenkstätte erinnert an das Außenkommando des KZ Natzweiler, das hier im Herbst 1944 zur Unterbringung von KZ-Häftlingen installiert wurde. Über 1000 polnische Männer und Jugendliche des Warschauer Aufstands vom Sommer 1944 hatten im Mannheimer Norden zu leiden. Sie wurden von benachbarten Industrieunternehmen als Arbeitskräfte eingesetzt.

Mannheimer Kunstverein ▶ D 5
Augustaanlage 58, Schwetzingerstadt, Tel. 0621 40 22 08, www.mannhei mer-kunstverein.de, Di–So 12–17 Uhr, Führungen So 15 Uhr, Mo geschl., Stadtbahn 6: Weberstraße, 3 €, erm. 2 €, Sonderausstellungen wechselnde Gebühren
Der Mannheimer Kunstverein besteht seit 1833 und zählt zu den ältesten und traditionsreichsten Kunstvereinen in Deutschland. Hauptziel ist die Präsentation aktueller junger Kunst. Zu den Sonderveranstaltungen gehören Matineen und Musiktage mit klassischer und zeitgenössischer Musik. Der 1966 errichtete Bau am Eingang Mannheims verfügt über eine Ausstellungsfläche von 450 Quadratmeter und einen schönen Skulpturenhof.

Museum Bassermannhaus für Musik und Kunst ▶ Karte 2, B 4
C4, 9, Innenstadt, 0621 293 31 50, www.rem-mannheim.de, Di–So 11–18 Uhr, Mo geschl., alle Stadtbahnlinien: Paradeplatz, Dauerausstellung 3 €, Sonderausstellungen 6 €.
Das 2011 eröffnete Haus wurde in seinen Baukosten von der Bassermann-Kulturstiftung Mannheim finanziert werden. Auch die laufenden Ausstellungskosten werden von der Stiftung getragen. Auf zwei Stockwerken und 1350 m² Ausstellungsfläche geht es den Dauer- und Sonderausstellungen

um die Vermittlung von Themen zu Musik, Kunst und Kulturen der Welt.

Außerdem gibt es im Bassermannhaus eine große Ausstellungsfläche für zeitgenössische Fotografie (www.zephyr-mannheim.de).

Museum Schillerhaus

▶ Karte 2, B 5

B5, 7, Innenstadt, Tel. 0621 293 31 50, www.rem-mannheim.de, Sa/So 11–18 Uhr, Di–Fr nur für Gruppen nach Anmeldung, Stadtbahn 1, 5, 6, 7: Schloss, 2,50 €, erm. 1,50 €

In vergleichbaren Verhältnissen soll Friedrich Schiller während seiner Mannheimer Zeit von Juli 1783 bis April 1785 in der Nachbarschaft dieses Hauses gelebt haben. 2004 hat die Stiftung Reiss-Engelhorn-Museen eines der letzten erhaltenen Wohnensembles aus der Barockzeit gekauft, um dem Publikum einen Blick auf die Lebensverhältnisse des großen Dichters zu ermöglichen.

Museum Weltkulturen

▶ Karte 2, B 4

D5, Innenstadt, Tel. 0621 293 31 50, www.rem-mannheim.de, Di–So 11–18 Uhr, Mo geschl., alle Stadtbahnen: Paradeplatz, 1, 5, 6, 7: Schloss, Sammlung 2,50 €, erm. 1,50 €, Sonderausstellungen ca. 10–12 €.

Das Museum ist den Themen Archäologie und Weltkulturen gewidmet. Die Dauerausstellung gibt faszinierende Einblicke in die frühe Menschheitsgeschichte Europas. Ständige Sonderausstellungen widmen sich kulturgeschichtlichen Themen. Hier zeigt sich,

Das ehemalige Palais Dalberg beherbergt heute die Musikbibliothek Mannheims

Die Lauergärten sind ein beliebtes innerstädtisches Erholungsgebiet

dass die REM mit ihrer seit 1749 gepflegten Sammlungstradition und großen Sonderausstellungen zu den renommierten Ausstellungshäusern Europas zählen.

Naturschutzgebiete, Parks und Friedhöfe

Hauptfriedhof ▶ E 3–4
Am Jüdischen Friedhof 1, Wohlgelegen, www.friedhof-mannheim.de, Stadtbahn 2, 7: MA-Hauptfriedhof
Der 1842 eingerichtete Hauptfriedhof ist auch die Ruhestätte vieler Mannheimer Familien, die beim Aufstieg der Stadt zu einem wichtigen Handels- und Industriestandort eine tragende Rolle spielten. Bei einem Rundgang begegnet man den Gräbern der Familien Bassermann, Bilfinger und Lamey. Auch Anna Reiß und ihr Bruder Carl, Förderer

der lokalen Museumsentwicklung, sind hier begraben. August Friedrich Ferdinand von Kotzebue, Dichter und russischer Staatsrat, der 1819 vom Studenten Karl Ludwig Sand ermordet wurde, erhielt auf dem Friedhof ein Ehrengrab. An der Seite zur Feudenheimer Straße findet sich der Friedhof der jüdischen Gemeinde.

Herzogenriedpark ▶ D 3
Neuer Messplatz/Max-Joseph-Straße, Neckarstadt, www.herzogenriedpark. de, Stadtbahn 1, 3: Neuer Messplatz, tgl. ab 9 Uhr, Kassenschluss bei Dämmerung, zwischen Mai und Aug. um 21 Uhr, März–Okt.: Tageskarte 2,50 €, erm. 1,80 €, Kinder 6–15 Jahre 1,20 €; Abendkarte ab 18/19 Uhr 1,50 €; Nov.–Febr.: Tageskarte 1 €, erm. 0,70 €, Kinder 0,40 €
Der Park am Neuen Messplatz wurde als Ersatz für den ehemaligen Neckar-

park angelegt, dessen Gelände am nördlichen Neckarufer im Ersten Weltkrieg für das heutige Klinikum gebraucht wurde. Heute locken Hunderte Rosenarten im Rosarium und schöne Alleen zum Flanieren. Kinder kommen gerne hier her. Die Gründe dafür: Minigolf, Freizeitwiese, Wasserspielplatz und ein Streichelzoo.

Käfertaler Wald ▶ nördl. D–H 1
Stadtteil Waldhof, Buslinie E: Am Herrschaftswald

Der im Norden von Käfertal und der Gartenstadt gelegene Wald war das bevorzugte Jagdgebiet der Kurfürsten. Heute kommen die Ausflügler mehr zum Streicheln als zum Jagen. Der **Karlstern,** ein beliebter Treffpunkt mit großem Biergarten am südlich gelegenen Eingang des Waldes, und das dortige Tiergehege mit Bison, Damwild und Schwarzwild stehen bei Kindern und Eltern gleich hoch im Kurs.

Lameygarten ▶ Karte 2, C 5
R7, Innenstadt, Stadtbahn 2, 5, 7: Rosengarten

Der kleine Stadtgarten findet sich im Quadrat R7 nahe am Friedrichring. Hier stand ehemals das palaisartige, im Weinbrenner-Stil erbaute Landhaus des einstigen badischen Innenministers August Lamey (1774–1845). Wer nach einem opulenten Mal in einem der guten Restaurants am Friedrichring ein lauschiges Plätzchen sucht, freut sich, dass es diesen Garten gibt.

Lauergärten ▶ Karte 2, C 5
M6 (Eingang), Innenstadt, Stadtbahn 1, 3, 4, 5, 6, 7, 8, 9: MA Hbf

Die innerstädtische Oase wurde nach dem Fabrikanten und Kunstsammler Friedrich Lauer (1793–1873) benannt, der hier sein Wohnhaus samt Gartenanlagen hatte. Zu den Besonderheiten

dieses innerstädtischen Grüns gehören etwa 20 m der alten Stadtmauer, die hier noch zu sehen sind. Eine Gedenktafel erinnert an Bürger Hermann Adis, Adolf Doland und Erich Paul, drei Mannheimer Bürger, die hier am 28. März 1945 kurz vor dem Einrücken der Amerikaner die weiße Fahne hissten. Sie wurden deswegen in den Lauergärten von kadavertreuen Verfechtern des Naziregimes »standrechtlich« erschossen.

> **Übrigens:** In den Lauergärten sind zum Gedenken an die drei genannten Opfer des Nazi-Terrors auch drei ›Stolpersteine‹ verlegt. Solche Steine gibt es an mehreren Orten der Stadt. Verlegeorte: https://www.mannheim. de/tourismus-entdecken/verlegeorte

Reißinsel/Waldpark ▶ A/B 8/9
Südlich der Innenstadt am Rhein, Stadtbahn 3: Rheingoldhalle

In der Auenlandschaft der Reißinsel hat sich eine einzigartige Tier- und Pflanzenwelt erhalten. Während der Vogelbrut (1. März bis 30. Juni) ist die Reißinsel für Besucher nicht zugänglich. Durch Rheinarme beinahe vollständig vom Land abgeschnitten, ist die Halbinsel nach dem Mäzen Carl Reiß (1843–1914), einem großen Naturliebhaber, benannt. Zusammen mit einem Freund hatte er sie gekauft und vor der industriellen Nutzung bewahrt. Carl Reiß und seine Schwester Anna hinterließen die Insel der Stadt; allerdings mit der Bedingung, das urwaldähnliche Naturschutzgebiet ›Reißinsel‹ zu nennen und Fauna wie Flora sich selbst und den Bürgern zu erholsamen Spaziergängen zu überlassen. Man sollte die Sperrzeiten der Insel bei der Tourismusinformation aktuell nachfragen.

Ausflüge

Es macht viel Vergnügen und wenig Mühe, von Mannheim aus ein paar kleine Ausflüge in die Kurpfalz zu unternehmen. Als Verkehrsmittel eignen sich die S-Bahn ebenso wie Busse, Züge, Schiffe und Fahrräder. Man ist auf das Auto also gar nicht angewiesen.

Ausflüge per Schiff

Was bietet sich bei einer Stadt an zwei Flüssen mehr an, als Ausflugsfahrten mit dem Schiff zu unternehmen? Auf dem Neckar bringen die Schiffe der Kurpfalz-Personenschiffahrt und der Rhein-Neckar Fahrgastschifffahrt ihre Passagiere von der Anlegestelle **Kurpfalzbrücke** ▶ C 4 für 14,50 € (Kinder 9,50 €) nach **Ladenburg** ▶ Karte 4, C 2.

Rheinfahrten empfehlen sich in die traditionsreichen Domstädte **Worms** ▶ Karte 4, B 1 und **Speyer** ▶ Karte 4, B 3. Solche Ausflüge mit zwei- bis dreistündigen Aufenthalten in den jeweiligen Städten werden regelmäßig von Mai/Juni bis Mitte September/Oktober angeboten.

Infos
Programme für Halbtagestouren unter www.kurpfalz-personenschiffahrt. de sowie www.rnf-schifffahrt.de.
Stadtinformation Ladenburg, Dr.-Carl-Benz-Platz, 1, Ladenburg, Tel. 06203 92 47 09. **Tourist Information Worms,** Neumarkt 14, Worms, Tel. 06241 853 73 06. **Tourist Information Speyer,** Maximilianstr. 13, Tel. 06232 14 23 92.

Essen und Trinken
Backmulde: Hauptstr. 61, Ladenburg, Tel. 06203 40 40 80, www.back-mul. de, Di–Fr 17.30–24, Sa/So 12–14.30 u. 17.30–24 Uhr, Mo geschl. Gemütliches Weinstubenambiente mit gehobener Küche.
Weinhaus Weis: Färbergasse 19, Worms, Tel. 06241 235 00, www.wein hausweis.de, Mo–Fr 15.30–24, Sa 9.30–14 Uhr, So/Fei geschl. Regionale Weine und kleine Speisen für wenig Geld.
Zum alten Engel: Mühlturmstr. 7, Speyer, Tel. 06232 7 09 14, www.zum altenengel.de, tgl. ab 17 Uhr. Regionales deftig bis fein in einem stimmungsvollen Gewölbekeller.

Schwetzinger Schloss
▶ Karte 4, C 3

Eine Busfahrt vom Hauptbahnhof Mannheim bis zum Schlossplatz in Schwetzingen dauert planmäßig 32 Min. Wesentlich länger brauchtes einst die pferdebespannten Kutschen der Kurfürsten, um die Hoheiten von der Residenz zur Sommerresidenz zu bringen. Kurfürst Carl Theodor (1724–99) ließ aus der damals bestehenden Jagdvilla ein ausgewachsenes Schloss herrichten. Heute wirkt die weitläufige Anlage, bei der vor allem der 72 ha große

Schlossgarten ein internationales Publikum begeistert, wie ein Kurpfälzer ›Sanssouci‹.

Alles zeigt sich bei zurückhaltendem Glanz leicht, elegant und ein wenig verspielt. Im Rokokotheater und den Zirkelbauten des Schlosses finden seit Jahrzehnten von April bis Mai die ›Schwetzinger Festspiele‹ als hochkarätige Veranstaltungsreihe statt. Wer einen Monat zu spät kommt, darf sich mit frischem Spargel trösten. Wegen Renovierungsarbeiten sind die historischen Innenräume des Schlosses bis voraussichtlich Frühjahr 2016 geschlossen. Der Schlossgarten, das Rokokotheater, Nord- und Südzirkel sowie das Schlossrestaurant bleiben zugänglich. Ein Spaziergang durch den weitläufigen Schlossgarten mit seinen Wasserspielen und Seen, Pavillons und Tempeln, Brücken und Pfaden gehört zum Schönsten, was man in der Kurpfalz erleben

kann. Im Entree ist dieser Park nach französischem Vorbild streng gegliedert, im hinteren Teil öffnet sich das ›Weltkulturerbe in spe‹ dann zu einem englischen Landschaftsgarten.

Infos
Tourist Information Schwetzingen: Dreikönigstraße 3, Schwetzingen, Tel. 06202 94 58 75, www.schwetzingen.de

Essen und Trinken
Kaffeehaus Schwetzingen: Schlossplatz 3, Schwetzingen, Tel. 06202 1 21 70, www.kaffeehaus.de, Mo–Mi 8–1, Do–Sa 8–3 Uhr, Frühstück unter Palmen in schönem Terrassenambiente bis kurz vor Mitternacht.

Anreise
Rhein-Neckar-Bus 711 von Hauptbahnhof Mannheim bis Schlossplatz Schwet-

Besucher des Schwetzinger Schlossgartens werden von der Hirschskulptur begrüßt

zingen, ebenso zurück. Fahrzeit ca. 30 Minuten. Mit dem Pkw benötigt man für die 17 km ca. 20 Min.

Mit dem Fahrrad nach Heidelberg ▶ Karte 4, C 2/3

Nur 22 km sind es von Mannheim mit einer Fahrradtour am Neckar entlang in die alte Universitätsstadt Heidelberg. Wer sich dabei nicht arg verfranst (was ein kleines Kunststück wäre), steigt nach ca. 2 Std. gemütlicher Fahrt am Heidelberger Hauptbahnhof wieder vom Rad ab.

Die Route ist schnell erklärt: Auf einer fast vollständig autofreien Strecke geht es von der Mannheimer Kurpfalzbrücke am Neckar entlang nach Neuostheim. Dort, bei der Neckarbrücke, fährt man zum Campingplatz und über den Platz weiter nach Seckenheim. Von da aus führt der Wörthfelder Weg über freies Feld nach Neckarhausen. Man lässt dabei die ›Neckarplatten‹ linker Hand liegen und folgt dem breiten Weg bis zur Eisenbahnunterführung. Nach der Unterführung geht es sofort links hoch zum Neckar. Auf der Uferböschung kommt man schnell zu einer kleinen Fähre. Sie pendelt ganztägig zwischen Neckarhausen und Ladenburg. Im Römerstädtchen Ladenburg lohnt eine kleine Pause zur Besichtigung des historischen Stadtkerns. Dann geht es am Neckar entlang weiter Richtung Heidelberg. Man verlässt das Neckarufer auf der weiteren Fahrt lediglich für ein paar Wegbiegungen. Diese Strecke mündet mitten auf die Heidelberger Neckarwiese. Dort kennt jeder das Café Frisch, wo eine Pause mit Kuchen und Kaffee lohnt.

Von da aus führt eine verkehrsreiche Straße, die aber in Teilen eine eigene Fahrradspur hat, über die Ernst-Walz-

Brücke auf ca. 700 m Strecke zum Hauptbahnhof. Dort befinden sich ein Fahrradstellplatz und die Touristeninformation. Die Straßenbahnlinien 5 und 21 fahren von da aus ins Zentrum (Bismarckplatz). Nach einem Altstadtbummel startet am Kornmarkt die Fahrt mit der Bergbahn zum Schloss. Mit dem Heidelberger Schloss ist ein wichtiger Bezugspunkt der deutschen Romantik und ein touristischer Magnet erreicht. Zu besichtigen sind die alten Gemächer der Kurfürstenfamilie, der Ruprechts- und Friedrichsbau mit Kapelle, der Königssaal und der Frauenzimmerbau. Populärstes Schaustück ist ein riesiges Weinfass aus dem 16. Jh., das über 200 000 Liter fassen soll.

Auf dem Rückweg von Heidelberg nach Mannheim kann man das Fahrrad

Historisches Entree von Heidelberg: die Alte Brücke

in die Waggons der S-Bahnlinien 1 und 2 stellen. Sie fahren bis ca. 1 Uhr vom Hauptbahnhof Heidelberg zum Hauptbahnhof Mannheim.

Infos

Zu Heidelberg: Tourist Information Am Hauptbahnhof Heidelberg, Tel. 06221 584 44 44, www.heidelberg-marketing.de, 1. April–31. Okt. Mo–Sa 9–19, So/Fei 10–18 Uhr, 1. Nov.–31. März Mo–Sa 9–18 Uhr, So/Fei geschl.

Essen und Trinken

Café Frisch: Jahnstr. 34, Heidelberg, Tel. 06221 45 75 0, www.cafe-frisch. de, Mo–Fr 5.30–18.30, Sa 5.30–12.30, So 8–18 Uhr, ob Herzhaftes oder Sahnig-süßes – das Café am Neckar ist in jeder Hinsicht ein Genuss.

Café Schafheutle: Hauptstraße 94, Heidelberg, Tel. 06221 14 68 0, www. cafe-schafheutle.de, Mo–Fr 9.30–19, Sa 9–18 Uhr, So geschl. Seit Generationen die erste Tortenadresse Heidelbergs mit schönem Innengarten.

Nördliche Weinstraße

▶ Karte 4, A 3

Nach einem Gang durch die hübschen Gassen von Neustadt an der Weinstraße kann man mit dem oberhalb der Stadt gelegenen Hambacher Schloss einen für die Demokratiegeschichte wichtigen Ort besuchen. Dem Aufruf: »Hinauf Patrioten, zum Schloss, zum Schloss!« folgten am 27. Mai 1832 viele Menschen aus ganz Deutschland. Sie

Romantische Gassen gibt es überall entlang der Weinstraße

demonstrierten hier für Freiheit, Einheit und Volkssouveränität und hissten eine Fahne mit den damals verbotenen Burschenschaftsfarben Schwarz-Rot-Gold. 1982 wurde die Ruine restauriert und mit einer Dauerausstellung zur deutschen Demokratiegeschichte ausgestattet. Die Regionalbahn verbindet Neustadt bei kurzen Fahrzeiten mit schönsten Weinorten, zu denen Deidesheim ebenso zählt wie Bad Dürkheim.

Infos
Neustadt: Hetzelplatz 1, Neustadt, Tel. 06321 92 68 90, www.neustadt-weinstrasse.de. **Bad Dürkheim:** Kurbrunnenstr. 14, Bad Dürkheim, Tel. 06322 93 51 40., www.bad-duerkheim.com. **Deidesheim:** Bahnhofstr. 5, Deidesheim, Tel. 06326 9 67 70, www.deidesheim.de.

Essen und Trinken
Weingut Dr. Kern: Schloss Deidesheim, Tel. 06326 9 66 90, www.schloss-deidesheim.de, Nov–März Fr–So 12–21 Uhr durchgehend warme Küche, April–Okt. Do–Mo 12–21 Uhr, Di, Mi geschl. Mit dem ehemaligen kleinen Stadtschloss in Deidesheim wählt man einen der schönsten Rastplätze für diesen Ausflug. Bei gutem Wetter mit idyllischer Terrasse zum kleinen Schlosspark, Pfälzer Tellergerichte, hervorragende Weine, faire Preise.

Anreise
Durch die S-Bahn sind die Pfalz und Nordbaden noch enger zusammengerückt. So dauert eine Fahrt mit den S-Bahnlinien 1 und 2 vom Hauptbahnhof Mannheim aus nach Neustadt an der Weinstraße nur eine halbe Stunde. Dort

gibt es in kurzen Takten Regionalbahnen nach Deidesheim (ca. 10 Min. Fahrt) und Bad Dürkheim (ca. 20 Min. Fahrt).

Ladenburg
▶ Karte 4, C 2

Das alte Römerstädtchen ist von Mannheim aus mit dem Fahrrad zu erreichen. Die Fahrt führt über den beschilderten Neckartalradweg über Seckenheim und Neckarhausen und dauert bei ca. 12 km Wegstrecke etwa 1 Stunde (einfache Strecke). Schon die Ankunft mit der kleinen alten Neckarfähre auf den Neckarwiesen, die Ladenburg vorgelagert sind, löst Staunen und Begeisterung aus. Der anschließende Bummel führt durch die dichte Atmosphäre einer aus dem Mittelalter weitgehend erhaltenen Altstadt. Ein Blick in das **Lobdengaumuseum** (Bischofshof, www.lobdegau-museum.de) lohnt, damit man ein wenig mit der Geschichte der Römerstadt vertraut wird. Der schön umbaute

Marktplatz bildet das Zentrum. Hier finden sich auch nette Lokale. Ein Tipp am Rande: Die ›Ladenburger Spielzeugauktionen‹ (Lustgartenstraße 6) ist mit gefüllten Vitrinen und einem integrierten Café auch zu Nicht-Auktionszeiten ein reizvoller Stopp.

Infos
Stadtinformation: Dr.-Carl-Benz-Pl. 1, Tel. 06203 92 26 03, www.ladenburg.de, Di–Fr 10–14, Sa/So/Fei 11–13 Uhr, Mo außer an Fei geschl.

Essen und Trinken
Kaffeehaus: Marktplatz 9, Tel. 06203 957 79 88, www.kaffeehaus-ladenburg.de, tgl. 9–1, Küche bis 23 Uhr. Ganztägig ein angenehmer Pausenplatz: fürs Frühstück, zum preiswerten Mittagstisch, abends für einen Drink.

Anfahrt
Am schönsten mit dem Fahrrad auf dem Neckartalradweg: 12 km einfache Wegstrecke, etwa 1 Std. gemütlicher Fahrt auf flachem Gelände.

Rundfahrt mit der OEG

Schöne Landschafts- und Stadtbilder eröffnet eine Rundfahrt Mannheim – Weinheim – Heidelberg – Mannheim. Diese Fahrt in den Straßenbahnwagen der OEG (benannt nach dem früheren Betreiber Oberrheinische Eisenbahn-Gesellschaft und heute offiziell als Stadtbahnlinie 5 unterwegs) startet man am besten am Hauptbahnhof Mannheim. Sie führt an der Bergstraße entlang (in der Zeit der Mandelblüte ein Genuss) und lässt eine Unterbrechung in Weinheim empfehlen. Der Marktplatz, einer der schönsten an der Bergstraße, ist von pittoresken Fachwerkhäusern umgeben. Mit diesem Ausflug kann sich auch ein Altstadtbummel durch Heidelberg verbinden.
Infos zu Weinheim: Tourismusinformation, Hauptstraße 47, Weinheim, Tel. 06201 87 44 50. www.weinheim.de. OEG/Linie 5: Abfahrt Hauptbahnhof Mannheim, Ausstieg und Wiedereinstieg am OEG-Bahnhof Weinheim, weiter über Heidelberg nach Mannheim. Gesamte Rundfahrt ohne Aufenthalte: 1 Std. 18 Min. Das Ticket (Tages-Karte) kostet 17,20 € und berechtigt zu beliebig vielen Fahrtunterbrechungen.

Zu Gast in Mannheim

Die Mischung macht's. Vom Luxushotel am Friedrichsplatz bis zur Jugendherberge im alten Schlosspark am Rhein, von der Bratkartoffelstube Hemmlein bis zum Sterneträger Amador oder zum hier gezeigten Café Flo, von der Kleinkunstbühne Klapsmühl' bis zum großen Nationaltheater … die Palette ist groß und bunt.

Übernachten

Vor allem für Geschäftsreisende

Durch die Vielzahl großer Unternehmen in Mannheim und die Beliebtheit der Stadt bei Kongressveranstaltern steigen hier viele Geschäftsreisende ab. ›Dorint Sofitel Am Rosengarten‹ heißt die wohl edelste Adresse für diese Klientel. Durch eine Gangway mit dem Kongresszentrum Rosengarten verbunden, erlaubt es seinen Gästen nur wenig gute Ausreden für das Zuspätkommen bei Kongressbeginn. Die gleiche Klientel beherbergen komfortable Häuser wie ›Leonardo‹, ›Mercure‹ und ›Steubenhof‹.

Bezaubernde, bezahlbare Noblesse

Anders zeigt sich die ältere Welt des gehobenen Komforts in den beiden großen Traditionshäusern am Wasserturm. Das ›Maritim‹ und das ›Leonardo Royal Hotel Mannheim‹ (vormals ›Steigenberger‹) haben hier ihren Platz und ein großes Publikum, das tiefe Polster, schwere Teppiche und Accessoires schätzt, die man mit traditionellen Nobelhotels verbindet. Eine zeitgemäße Interpretation des Besonderen steht am Hafen und wurde 2013 von einem Getreidespeicher zum ›Speicher 7 Hotel‹ umgebaut. 2014 hat das Haus gleich den European Hotel Design Award eingeheimst.

Insbesondere an Wochenenden ohne Kongresse kann man in beiden Häusern bei entsprechenden Aktionen sogar für unter 150 € ein Doppelzimmer inkl. Frühstück pro Nacht bekommen.

Günstig in der Innenstadt

Günstige und einfachere Unterkünfte gibt es in der Innenstadt. Bahnhofsnah liegen einige empfehlenswerten Häusern wie das ›Central Hotel Garni‹, ›Gasthof Goldene Gans‹ oder ›Hotel Am Bismarck‹. Von hier aus lässt sich viel von Mannheim zu Fuß entdecken.

Wochenend-Rabatte und Internet

Fast alle Mannheimer Hotels gewähren an Wochenenden erhebliche Rabatte. Bei regelmäßigen Ebay-Insertionen ist da manches Schnäppchen möglich. Der Weg: In die Suchmaske bei Ebay »2 Tage Mannheim« eingeben.

Recht günstig ist das Arrangement ›Wochenendbasis Mannheim‹ der Tourist Information Mannheim (2015). Es besteht aus 2 Nächten für 2 Personen in einem gehobenen Mittelklassehotel inkl. Frühstück, zwei Tageskarten für den Luisenpark, kostenfreie Übernachtung eines Kindes bis 12 Jahre im Zimmer der Eltern: pauschal pro Person 101 €.

Hilfreich ist auch die Möglichkeit auf der Website www.tourist-mannheim.de Preise und aktuelle Verfügbarkeit der Mannheimer Übernachtungsangebote online durchzusehen. Schnäppchenpreise für Übernachtungen finden sich zudem unter der Internetadresse www.ab-in-den-urlaub-deals.de.

Gut und günstig

Mitten drin – **Alter Simpl:** ■ **Karte 2, C 5,** P4, 8, Innenstadt, Tel. 0621 158 08 0, www.alter-simpl-mannheim.de, Stadtbahn 2, 3, 4, 6: Strohmark, 12 Zi, DZ 60 € exkl. Frühstück, Wochenendtarife auf Anfrage. Kein Internet, rauchen in Zimmern erlaubt. Mitten im Zentrum gelegen, bietet dieses Haus seinen seit vielen Jahren zufriedenen Gästen auch eine typisch kurpfälzische Gastronomie in uriger Atmosphäre.

Hell und freundlich – **Central Hotel Garni:** ■ **Karte 2, C 5,** Kaiserring 26–28, Tel. 06211 23 00, www.central hotelmannheim.de, Stadtbahn außer 2 alle Linien: Hauptbahnhof, 34 Zi ab 78 €/DZ, Frühstück 10 €, kostenfreies WLAN in der Hotelbar. Gut ausgestattete und jüngst renovierte Zimmer nahe beim Hauptbahnhof. Das familiengeführte Hotel ist nicht nur wegen seiner zentralen Lage oft ausgebucht. Frühzeitige Reservierungen sind deshalb anzuraten.

Gut aufgehoben – **Gasthof Goldene Gans:** ■ **Karte 2, C 5,** Tattersallstraße 19/Ecke Bismarckplatz 7, Schwetzingerstadt, Tel. 0621 42 20 20, www.gast haus-goldenegans.de Stadtbahn außer 2 alle Linien: MA-Hauptbahnhof, 24 Zi, DZ ab 80 €, kostenfreies WLAN, Apartments und Raucherzimmer auf Anfrage. Drei Generationen haben sich in diesem Gasthof eine treue Stammkundschaft erobert. Ein Stück typisches Mannheim mit Flair.

Angenehmer Familienbetrieb – **Hotel Am Bismarck:** ■ **Karte 2, C 5,** Bismarckplatz 9–11, Schwetzingerstadt, Tel. 0621 40 04 19 60, www.hotel-am-bismarck.de, Stadtbahn 1, 6, 8, 9: Tattersall, 44 Zi, DZ von 87 € (Wochenende) bis 120 € (Messe/Kongresse)

inkl. Frühstück, kostenfreies WLAN, eine Zimmeretage für Raucher. Nach einer umfangreichen Renovierung ist das Haus eine Perle in dieser Kategorie und findet großen Zuspruch. In dem von Familie Blank aufmerksam geführten und zentral gelegenen Garni ist das Frühstück so reichhaltig, dass man danach lange nichts mehr braucht.

Preiswert, praktisch, gut – **Pension Gehrig:** ■ **Karte 2, C 5,** N3, 5, Innenstadt, Tel. 0621 2 73 43, keine Website, Stadtbahn alle Linien: Paradeplatz, 6 Zi, Ein-, Zwei- und Drei-Bett-Zimmer: 30 €, 50 €, 63 € ohne Frühstück. Kein WLAN, nur Nichtraucherzimmer. Saubere, zweckmäßig eingerichtete, geräumige Zimmer. Im Gebäude dieser zentral gelegenen und oft nachgefragten Pension befindet sich ein gutes italienisches Restaurant (›La Fenice‹). Frühstücken kann man in einem der vielen Bistros und Cafés in der Nachbarschaft.

Modernisiert – **Jugendherberge Mannheim:** ■ **C 6,** Rheinpromenade 21, Lindenhof, Tel. 0621 82 27 18, www.jugendherberge-mannheim.de, Stadtbahn 3: Lindenhofplatz, 158 Betten in 73 Zwei- bis Sechs-Bett-Zimmern, Anreise 14–24 Uhr, eine abendliche Schließzeit gibt es nicht. Preise im Jahr 2015 p. P.: Übernachtung mit Frühstück 1. Nacht bis 26 Jahre 27,40 €, ab 27 Jahre 33,40 €, jede weitere Nacht 24 € (30 €), WLAN nur in der Halle 5 € pro Tag, Rauchverbot im ganzen Haus. Es gibt günstige Halbpension- und Vollpensionpreise. Bettwäsche ist in den Preisen enthalten. Die Jugendherberge ist direkt an der Rheinpromenade landschaftlich schön gelegen. Das Ergebnis der 2013 abgeschlossenen Renovierung ist ein sehr attraktives Urlaubsdomizil. Die notwendige Mitgliedschaft im Deutschen Jugendherbergswerk kann bei Ankunft in der Jugendherberge direkt erworben werden (22,50 € Jahresbeitrag für Frw.).

Theatralisch – **Hotel Mack:** ■ **Karte 2, D 4**, Mozartstraße 14, Oststadt, Tel. 0621 12 42 0, www.hotel-mack.de, Stadtbahn 2, 5, 7: Nationaltheater, 42 Zi, DZ ab 90 € exkl. Frühstück, kostenfreies WLAN. Rauchen ist nur auf den Balkonen einiger Zimmer erlaubt. Das familiengeführte Hotel ist in einem schönen Jugendstilbau in der Nachbarschaft des Nationaltheaters untergebracht und wird von der Familie Binz sorgsam gepflegt. Hier nächtigen öfter Schauspieler und Gäste des Theaters. Bei den Zimmern sind die neu gestalteten Bäder mit Wanne eine Wonne. Man sollte darauf achten, im Stammhaus zu wohnen, da einige Zimmer auch in einem nahen Zweitgebäude angeboten werden.

Gemütlich – **Hotel Wegener:** ■ **Karte 2, C 5**, Tattersallstraße 16, Schwetzingerstadt, Tel. 0621 44 09 0, www.hotel-wegener.de, Stadtbahn außer 2 alle Linien: MA-Hauptbahnhof, 41 Zi, DZ ab 92 € inkl. Frühstück, Wochenendtarife auf Anfrage, kostenfreies WLAN, noch wenige Raucherzimmer. Das ganz nahe am Bahnhof gelegene Hotel der Familie Wegener empfängt seine Gäste seit 1960 und ist seither als bequeme, sorgsam geführte und preiswerte Übernachtungsadresse beliebt.

Seit 1632 – **Gasthof Zum Ochsen:** ■ **H 5**, Hauptstraße 70, Feudenheim, Tel. 0621 79 95 50, www.ochsen-mannheim.de, Stadtbahn 2, 7: Feudenheim Kirche, 12 Zi., DZ ab 90 € inkl. Frühstück. Nur Nichtraucherzimmer, WLAN kostenlos. Zehn Fahrminuten von der Innenstadt entfernt, präsentiert sich diese Übernachtungsalternative als ältestes Gasthaus Mannheims. Es wurde

1632 errichtet und in jüngerer Zeit liebevoll restauriert. Neben den großzügig geschnittenen Zimmern lockt hier das gemütliche Stubenrestaurant mit famoser Regionalküche (s. S. 98).

Stilvoll wohnen

Frühstücksfreuden – **Augusta Hotel:** ■ **D 5**, Augustaanlage 43–45, Oststadt, Tel. 0621 42 07 0, www.augusta-hotel-mannheim.de, Stadtbahn 3, 4, 5, 6, 7: Kunsthalle, 106 Zi, DZ ab 70 € (Wochenende) bis 140 € exkl. Frühstück (15 € pro Person am großen Buffet), WLAN kostenpflichtig. Eine Traditionsadresse an der Augustaanlage. Das Hotel und seine Gastronomie vereinen gediegenen Komfort mit dem Charme eines in der Region verwurzelten Hauses.

Der Tradition verpflichtet – **Leonardo Royal Hotel:** ■ **Karte 2, D 5**, Augustaanlage 4–8, Schwetzingerstadt/Innenstadt, Tel. 0621 400 50, www.leonardo-hotels.de, Stadtbahn 3, 4, 5, 6, 7: Kunsthalle. DZ ab 95 € (inkl. Frühstück 125 €), Vergünstigungen über Ebay, WLAN gratis, mit Nichtraucheretagen. Nach fast 60 Jahren Geschichte als ›Steigenberger Mannheimer Hof‹ und ›gute Stubb‹ ging das Haus 2014 an die Leonardo-Kette, die in der Rhein-Neckar Region einige Investitionen tätigte. Der gepflegte Komfort wurde aufrechterhalten und die Zimmer in angenehm zurückhaltender Modernität eingerichtet. Eine Kaffee- und Kuchenpause im begrünten Innenhof empfiehlt sich auch für Gäste, die nicht im Haus übernachten.

Glanzlicht – **Maritim Parkhotel Mannheim:** ■ **Karte 2, C 5**, Friedrichsplatz 2, Innenstadt, Tel. 0621 1 58

Bedacht auf Stil und Etikette: Maritim Parkhotel Mannheim

80, www.maritim.de, Stadtbahn 3, 4, 5, 6, 7: Kunsthalle, DZ inkl. Frühstück ab 180 €, an Wochenenden öfter ca. 40 € günstiger, WLAN kostenpflichtig, Raucher- und Nichtraucherzimmer. 4-Sterne-Haus mit einer schönen Fitnessanlage (Schwimmbad, Sauna und Dampfbad). Hinter der eindrucksvollen Gründerzeitfassade empfängt einen die Welt der First-Class-Verwöhnung. Was die Empfangshalle an stilvoller Pracht verspricht, setzt sich in den Salons, Zimmern und Suiten fort. Im Gegensatz zum unterkühlten Design der Gegenwart wandert das Auge hier durch die alte Welt der Kristalllüster, des Stuckdekors und der tiefen Polster. Besucher wie Marla Glenn können ein Lied davon singen.

Überzeugendes Design – **Speicher 7:** ◼ **Karte 2, B 5,** Rheinvorlandstraße 7, Hafen 1, Tel. 0621 122 66 80, www.speicher7.com, Stadtbahn 1, 5, 7: Schloss, DZ ab ca. 120 € (Wochenendpreis) bis 450 €, Frühstücksbuffet 20 € pro Person, WLAN kostenlos. Der zum Hotel umgebaute ehemalige Getreidespeicher hat einiges zu bieten: ein preisgekröntes Design (European Hotel Design Award 2014), bei dem Komfort, Hafenlage und die ursprüngliche Nutzung attraktiv und ohne den üblichen Hotelprotz zusammenfinden. Die Website gibt dazu einen guten Eindruck. Die Zimmer sind in allen Kategorien ein besonderes Erlebnis. Gleiches gilt für die beliebte Cocktailbar und das Restaurant ›Marly‹ (s. S. 94).

Essen und Trinken

Regional und international

In Mannheim hat sich eine facettenreiche und attraktive kulinarische Landschaft entwickelt, die bestens ohne nationale Grenzen und Vorurteile auskommt. Es gibt eine Reihe von sehr guten Italienern, Asiaten, Griechen, Türken und Köchen, die als Österreicher oder Franzosen wohlschmeckende Nachbarschaftshilfe leisten.

Natürlich ist man als gastgebende Stadt immer geneigt, eigene regionale Besonderheiten aus Küche und Keller zu präsentieren. Und diese Karte darf Mannheim auch ohne falsche Scham spielen. Wer den ›Ochsen‹ in Feudenheim oder das ›Hemmlein‹ in der Innenstadt kennt, der weiß, wo in Mannheim die Ochsenbrust, die Spätzle und der Sauerbraten am besten schmecken.

Aber es wäre dumm, sich bei der Suche nach verheißungsvoll gedeckten Tischen nur auf die Region zu beschränken. Wer nach den Sternen greifen möchte, isst in Mannheim richtig: in der ›Axt‹, bei ›Da Gianni‹ (s. S. 45) und ›Dobler's‹ (s. S. 49), im ›Opus V‹ (s. S. 42), alle 2014 mit einem Michelin-Stern geehrt. Unser persönlicher Favorit ist dabei das Dobler's wegen des Patrons und der tollen Fischgerichte.

Döner, Baguette, Torte

Natürlich gibt es auch die bekannten Fastfoodketten. Sie stören aber kaum, zumal der amerikanischen Variante des Fastfood hier beste türkische und französische Alternativen zur Seite stehen (z. B. ›Sultan As‹, Seckenheimerstr. 49, mit wunderbarem Döner oder ›Baguetterie Le Toulonnais‹, N4, 1, mit einem großartigen Sandwich-Angebot).

Auch um die Cafés, in denen die Torten in den Auslagen paradieren, braucht man sich hier bei aller Schnelllebigkeit noch nicht zu sorgen. Traditionscafés wie ›Herrdegen‹, ›Mohrenköpfle‹ oder ›Zeilfelder‹ scheinen einen zeitlos festen Boden unter den Füßen zu haben. Die berühmten zwei oder drei Kugeln Eis mit Sahne und der Amarenabecher finden sich leicht und in bester Qualität bei einem Bummel über die Planken. Behilflich ist dabei die Familie Fontanella, die seit mehreren Generationen Eis macht, mit einigen Filialen jetzt schon fast zu den Mannheimer Ureinwohnern zählt und von der Zeitschrift ›Feinschmecker‹ zu den besten deutschen Eisdielen gerechnet wird.

Spargel

Am genussvollsten erweist man den nordbadischen Bodenschätzen zwischen Ende April und Ende Juni seine Referenz. Dann ist hier die große Spargelzeit. Kurfürst Carl Theodor soll es gewesen sein, der, Kulturmensch und Genießer vom Scheitel bis zur Sohle, das königliche Gemüse erstmals 1658 im Schwetzinger Schlossgarten anbauen ließ.

Wer sich in Mannheim damit verlustieren möchte, kann dies in der Gaststube des ›Hotel-Restaurant Axt‹ in Neckarau ebenso gut wie im ›Ochsen‹ in Feudenheim oder, wenn es etwas gehobener sein soll, im Drehrestaurant ›Skyline‹ auf dem Fernmeldeturm.

Mit Kindern essen gehen
Mit Kindern unterwegs? Dann zählen Namen wie ›Bootshaus‹, ›Estragon‹ und ›Rheinterrassen‹. Das sind schöne Lokale an den Ufern von Neckar und Rhein mit Spielplätzen und genügend schönen Auslaufflächen für die Zeit, bis das Essen endlich kommt. Beim ›Lindbergh‹ beobachten nicht nur Kinder gerne die spannende Szenerie eines Stadtflughafens. Und mit dem ›Heller's‹ darf man sich als Kind wie als Erwachsener über eines der besten vegetarischen Restaurants zwischen Nordsee und Mittelmeer freuen. Ein ganz besonderes Erlebnis dürften für Kinder auch die ›Pinzgauer Stub'n‹ (s. S. 99) sein. Der dort servierte Kaiserschmarrn lässt nicht nur Süßspeisenfans das Wasser im Mund zusammenlaufen. Und die Wiener Schnitzel sind ein Gedicht. Viele Restaurants bieten günstige Kindergerichte an und/oder bringen auf Nachfrage auch kleinere Portionen.

Lage und Preisniveau
Ausgesprochene Zentren, in denen sich ein empfehlenswertes Restaurant an das andere reiht, gibt es in Mannheim nicht.
   Die Preise für Hauptgerichte beginnen in studentisch orientierten Lokalen und Biergärten bei ca. 8 €, in üblichen Restaurants bei ca. 13 € und in sehr feinen Häusern bei etwa 25 €. Einen guten Überblick über die gesamte Gastro-Szene der Region gibt die einmal im Jahr erscheinende und überall erhältliche Zeitschrift ›espresso‹.

Biergärten

Küche im Waggon – **Alter Bahnhof:** ■ **C 3,** Dammstraße 1–3, Tel. 0162 873 51 87, keine Website, Stadtbahn 1, 2, 3, 4: Alte Feuerwache, Achtung: nur in den Sommermonaten geöffnet, tgl. 11–23 Uhr. Ein großer und beliebter Biergarten. Alles hier (außer den Gästen) ist alt: die Location am Alten Messplatz, der Name ›Alter Bahnhof‹ und die alten Eisenbahnwaggons, die diesen Treff einrahmen. Dass es hier nur für Kinder Pommes gibt, wurde mit Bravo- und Buh-Rufen aufgenommen. Ab und an auch mit Livemusik.

Bayern und Bordeaux – **Estragon:** ■ **C 9,** Mühlweg 11, Neckarau, Tel. 0621 85 27 61, www.estragon-mannheim. de, Stadtbahn 3: Rheingoldhalle, tgl. 11–24 Uhr, Hauptgerichte ca. 10–13 €. Das am Rhein gelegene Lokal mixt mehrere Elemente angenehm zusammen. Der Biergarten zeigt sich bayerisch-mediterran, die Küche französisch-deutsch. Von Wurstsalat mit Bratkartoffeln bis zu Rumpsteak an einer kräftigen Bordeauxsoße – es gibt hier vieles, was Lust macht, wiederzukommen. Dazu gehören auch gute vegetarische Gerichte, Kindermenüs und der Spielplatz.

Für Pasta-Fans – **La Locanda:** ■ **nördl. E 1,** Karlsternstraße 130, Gartenstadt (Käfertaler Wald), 0621 717 80 97, www.locanda-mannheim.de, Buslinien E und 53: Eschenhof, tgl. 11.30–23 Uhr, Hauptgerichte ab 10 €. Die große Terrasse mitten im Käfertaler Wald ist nicht nur ein gern besuchter Abschlusspunkt bei Radtouren und Spaziergängen, sondern auch eine Adresse für Pasta-Fans. Einfach gut: die Spaghetti Aglio e Olio, mit Knoblauch und Öl.

Essen und Trinken

Bier und Bühne – **Rheinterrassen:**  **Karte 2, B 5,** Rheinpromenade 15, Lindenhof, Tel. 0621 833 50 17, www.rheinterrassen.info, Stadtbahn 3: Markuskirche, Mo–Sa 11.30–1, So/Fei 9.30–1 Uhr, Sonntagsbrunch 9.30–14 Uhr, Hauptgerichte ab ca. 14 €. Das Restaurant trägt den Untertitel ›Gasthaus am Fluss‹ und wird manchmal auch nur mit diesem Namen genannt. Romantiker kommen gerne hierher, um die Sonne über dem Rhein untergehen zu sehen. Für Kinder gibt es im Freien viel Platz zum Toben. 500 Terrassenplätze bringen die Größe des Lokals zum Ausdruck. An Wochenenden gibt es ab und an Bühnenprogramme mit Jazz und Kleinkunst. Das Essen ist variantenreich und in der Qualität ordentlich.

Cafés

Kaffee und Cocktails – **Boland's:** ▪ **Karte 2, C 5,** s. S. 42

Evergreen – **Café Flo:** ▪ **Karte 2, D 5,** s. S. 45

Klassisch – **Café Herrdegen:** ▪ **Karte 2, C 4,** s. S. 36

Wunderbare Windbeutel – **Café Mohrenköpfle:** ▪ **C 3,** s. S. 62

Schlicht und gut – **Café Prag:** ▪ **Karte 2, C 4,** s. S. 35

Für's Kaffeekränzchen – **Café Zeilfelder:** ▪ **Karte 2, C 5,** Q5, 23 (Fressgasse), Innenstadt, Tel. 0621 246 98, www.cafe-zeilfelder.de, Stadtbahn 2, 3, 4, 6: Strohmarkt, Mo–Sa 9–18, So u Fei 13 –18 Uhr. Trotz der Stiegen in die zweite Etage kommen die Mannheimer Damen in Bluse und Kostüm schon lange sehr gerne hierher. Das liegt zum ei-

nen an der angenehmen Atmosphäre eines Konditoreicafés, zum andern an der guten Qualität von Torten und Kuchen.

Vier Eisdielen, ein Name – **Fontanella:** ▪ **Karte 2, C 5,** O2, 1 / O4, 5 / P7, 1 / L11, 11, Innenstadt, Tel. 0621 2 34 43, www.eisfontanella.de, Stadtbahn 2, 3, 4, 6: Wasserturm, März–Okt. Mo–Sa 10–23, So 13–23 Uhr. Eine Familiendynastie, die Mannheim mit guten Eisdielen und fantasievollen Speiseeiskreationen versorgt. Dario Fontanella erfand Ende der 1960er Jahre das Spaghetti-Eis.

Verträumt – **Kleines Café:** ▪ **D 3,** Eichendorffstraße 8, Neckarstadt, Tel.

Das Gasthaus am Fluss, offiziell Rheinterrassen, liegt idyllisch an der Flussaue

0621 1 81 51 46, www.kleines-cafe.de, Stadtbahn 4: Schafweide, tgl. 9–18 Uhr. Schöner verträumter Pausenplatz, bei dem das Angebot an Kuchen und Speisen liebevoll zubereitet ist. Auch Vegetarier werden dabei berücksichtigt.

Gourmet-Lokale

Kochlöffel als Zauberstab – **Alchimia:** ■ **Karte 2, C 4,** G7, 7, Innenstadt, Tel. 0621 149 63, www.alchimia. de, Stadtbahn 2: Dalbergstraße, Di–Sa 18–24 Uhr, Küche bis 22 Uhr, So und Mo geschl. Hauptgerichte ab ca. 25 €. Hier finden eine romantisch-warme At-

mosphäre mit französisch geprägter Kochkunst zusammen. Lange schon eine zuverlässige Adresse für den besonderen Abend im Restaurant.

Zum Reinhauen zu fein – **Axt:** ■ **E 8,** Adlerstraße 23, Neckarau, Tel. 0621 85 70 05, www.restaurant-axt.de, Stadtbahn 1 Neckarau Bahnhof, Di–Sa ab 18 Uhr, So/Mo geschl. Hauptgerichte ab ca. 27 €. Ein junges Feinschmeckerrestaurant, das 2014 einen Michelin-Stern erhalten hat. Christian Krüger verwöhnt seine Gäste mit einer fantasievoll leichten und feinen Interpretation der altdeutschen Küche. Die etwas weitere Anfahrt lohnt sich.

25 Jahre ganz oben – **Da Gianni:** ▦ **Karte 2, C 5,** s. S. 45

Fisch fantastisch – **Dobler's:** ▦ **Karte 2, C 5,** Seckenheimer Str. 20, Tel. 0621 1 43 97, www.doblers.de, Stadtbahn 3, 4, 5, 6: Kunsthalle. Di–Sa ab 12 und ab 18 Uhr, So, Mo geschl. Hauptgerichte zwischen 25 und 35 €. Nobert Dobler gehört seit vielen Jahren zu den besten und beliebtesten Köchen/Patrons der Stadt. Herausragend ist der Loup de Mer auf der Haut gebraten mit Gewürztomaten und Safransoud. Es empfiehlt sich in jedem Fall eine rechtzeitige Reservierung.

Spektakulär – **Restaurant Marly:** ▦ **Karte 2, B 5,** Rheinvorlandstraße 7, Hafen 1, Tel. 0621 86 24 21 21, www. restaurant-marly.com, Stadtbahn 1, 5, 7: Schloss, Di–Sa 12–13.30 u. 19–21.30 Uhr (Küche), So, Mo geschl. Hauptgerichte ab ca. 25 €. Im Gebäude des Design-Hotels ›Speicher 7‹ hat ein Restaurant seinen Platz, das vorher zum Besten gehörte, was Ludwigshafen an feinem Essen zu bieten hatte.

Gut und günstig

Beliebter Veteran – **Akropolis:** ▦ **Karte 2, C 4,** K4, 11, Innenstadt, Tel. 0621 213 25, www.akropolis1955.de, Stadtbahn 2: Kurpfalzbrücke, tgl. 18–1, Sa/So bis 2 Uhr, Hauptgerichte ab ca. 14 €. Das ›Akropolis‹ ist als Wahrzeichen bei Mannheimern fast so anerkannt wie der Wasserturm. Wird gerne als Adresse für den späten Hunger genutzt.

Bieramisu – **Eichbaum Brauhaus:** ▦ **E 4,** Käfertalerstraße 168, Wohlgelegen, Tel. 0621 3 53 85, www.eichbaum brauhaus.de, Stadtbahn 2 und 7: Bi-

bienastraße, tgl. 10–24 Uhr, Hauptgerichte ab ca. 9 €. Großer Biergarten, deftige Küche (z. B. Biergulasch), aber auch viel für Vegetarier und Kinder. Der Nachtisch wird in Abwandlung des berühmten Tiramisu im Bierglas serviert, heißt ›Bieramisu‹ und schmeckt viel besser als es klingt.

Café im Kneipenstil – **Café Vienna:** ▦ **Karte 2, C 4,** s. S. 64

Für den großen Hunger – **China Palast:** ▦ **E 6,** Theodor-Heuss-Anlage 19 (Carl Benz Stadion), Oststadt, Tel. 0621 324 75 99, www.chinapalast-mann heim.de, Stadtbahn 6: Carl-Benz-Stadion, tgl. 11.30–15 u. 17.30–23.30 Uhr, Hauptgerichte ab ca. 8 €. Der Renner ist seit Jahren das ›mongolische Buffet‹ (tgl. ab 18 Uhr, So auch 11.30–14 Uhr). An einer Theke im Gastraum kann sich der Gast dabei Fisch oder Fleisch auswählen, das dann vor seinen Augen auf einem speziellen Grill zubereitet wird (14,90 €, Kinder bis 12 Jahre 7,80 €). Das Mittagsbuffet tgl. außer So/Fei gibt es für 7,80 €/Kinder 4,80 €.

Wie bei Muttern – **Hemmlein:** ▦ **Karte 2, C 4,** s. S. 64

Italo-Klassiker – **La Fenice:** ▦ **Karte 2, C 5,** N3, 5 Innenstadt, Tel. 0621 156 14 91, www.lafenice-mannheim.de, Stadtbahn 2, 3, 4, 6: Strohmarkt, Mo–Sa 12–14.30 u. 18–23 Uhr, So geschl., Fisch- und Fleischgerichte ab ca. 18 €. Italienische Klassiker werden hier gekonnt zubereitet. Von den Gästen wird erwartet, dass sie etwas Sinn für Etikette mitbringen.

Köstliches aus Apulien – **Luisella:** ▦ **C 3,** Lange Rötterstr. 7, MA-Neckarstadt, Tel. 0621 39 74 78 74, www.lui

sella.de, Stadtbahn 4, 5: Lange Rötter-straße, Mo–Mi 10.30–16, Do, Fr 10.30–16, 18–22 Uhr, Sa, So geschl. Jeden 1. Sa im Monat ab 18 Uhr geöffnet, Mittagstisch ab 9 €. Die kleine Trattoria ist v. a. zur Mittagszeit eine beliebte Anlaufstelle. Inhaberin Luisa Occhionero kocht authentisch nach den Rezepten ihrer Heimat Apulien und verkauft nebenbei auch originale Köstlichkeiten aus Italien wie Parmaschinken, Pasta und Wein. Donnerstags ist Pizzatag (alle 6 €). Lecker sind auch die Gnocchi mit geschmortem Kaninchen (7,90 €).

Am Tisch brennt's – **Osaka:** ◼ **Karte 2, C 5,** R7, 31, Innenstadt, Tel. 0621 1 22 55 92, www.osaka-mannheim.de, Stadtbahn 7: Gewerkschaftshaus, tgl. 11.30–15 u. 17.30–24 Uhr, Hauptgerichte ab ca 15 €. Teppan Yaki-Tischgrillplatten machen die Attraktion des japanischen Restaurants aus. Mit flinken Händen bereiten die Köche alle möglichen Fisch-, Gemüse- und Geflügelgerichte vor den Augen der Gäste zu. Das imponiert, wirkt bisweilen aber auch etwas zappelig. Wer gute japanische Kost vor Gemütlichkeit stellt, kommt gerne hierher.

Einfach gut – **Osteria Limoni:** ◼ **C 3,** Schimperstraße 16, Neckarstadt Tel. 0621 3 45 03, www.osteria-limoni.de, Stadtbahn 1, 2, 3, 4: Alte Feuerwache, Di–So 12–14 u. 18–22.30 Uhr (Küchenzeiten), Sa nur abends, Mo geschl. Fisch- und Fleischgerichte ab ca. 16 €. Ein bescheiden und unprätentiös gebliebenes Starensemble in der Neckarstadt: Mario Paba und sein Team haben ein schönes Stück Küchenkultur aus Sardinien nach Mannheim gebracht. Pasta, Pizza, Pesce und Carne werden köstlich und zu studentenverträglichen Preisen zubereitet. Die Weinkarte ist mit Verstand zusammengestellt und fair

kalkuliert. Die unaufdringliche Einrichtung unterstreicht den italienischen Landhausstil angenehm. Die kleine Hofterrasse ist bei entsprechendem Wetter sehr nachgefragt.

Wenn die Nacht am tiefsten – **Spaghettioper:** ◼ **Karte 2, C 4,** K2, 31, Innenstadt, Tel. 0621 15 19 64, www. spaghetti-oper.de, Stadtbahn 2: Kurpfalzbrücke, Di–Do u. So 18–1, Fr, Sa 18–5 Uhr, Mo geschl., Hauptgerichte ab ca 12 €. Pasta fresca ohne Ende. Im bürgerlich-bodenständigen Ambiente eines stilmöblierten Restaurants kann man sich immer auf frische und im Haus gemachte Nudeln verlassen, die mit variantenreichem ›Dazu‹ aus Fisch, Gemüse oder Fleisch auf den Tisch kommen.

Unter alten Bäumen – **Tomate:** ◼ **Karte 2, B 4,** B6, 12, Innenstadt, Tel. 0621 272 45, www.tomate-mannheim. de, Stadtbahn 2, 6: MA-Rathaus, Mo–Do 11–24, Fr, Sa 11–2, So 10–24 Uhr, Gerichte ab 10 €. Zentral gelegenes gemütliches Bistro-Restaurant mit einem Biergarten unter alten Bäumen, der von Resten der historischen Festungsmauer begrenzt wird. Die günstigen Stammessen sind bei den Studenten ebenso beliebt wie der sonntägliche Brunch.

Glücklich an Holztischen – **Zwei Hasen (Da Pino):** ◼ **C 6,** Bellenstraße 36, Lindenhof, Tel. 0621 82 26 0, www. zwei-hasen.com, Stadtbahn 3: Windeckstr., tgl. 18–24, Di–Fr und So auch 12–14 Uhr, mittags Hauptgerichte ab ca. 9 €. An einfachen Holztischen werden hier nach Ansicht vieler Mannheimer die besten Pizzas der Stadt serviert. Wer sie noch nicht kennt, staunt über die ›weißen Pizzas‹ mit Ricotta- statt Tomatensauce oder auch über die ›Dessert-Pizzas‹ mit Äpfeln, Marsala, Zimt und Zucker.

Szene und Ambiente

TexMex und Musik – **Barrios:** ■ **Karte 2, C 4,** Q5, 4, Innenstadt, Tel. 0621 1 78 13 56, www.barriosmannheim.de, Stadtbahn 2, 3, 4, 6: Strohmarkt, Mo–So 17–2, Fr u. Sa 17–3 Uhr. In dieser beleibten Szenekneipe mit südamerikanischem Touch und schönem Hinterhof gibt es zu typischen TexMex-Gerichten einen vernünftigen Rotwein und gute Latino-Musik. Regelmäßig Live-Events und kubanische Nächte.

Fernweh inklusive – **Bootshaus:** ■ **Karte 3,** Hans-Reschke-Ufer 3, Oststadt, Tel. 0621 324 77 67, www.bootshaus.net, Stadtbahn 5: Fernmeldeturm, Mo–Fr 17–24, Sa 10–1, So 10–22 Uhr, Hauptgericht ab ca. 14 €. Das nahe beim Fernmeldeturm am Neckar gelegene Lokal gehört nicht umsonst zu den erfolgreichsten Adressen der letzten Jahre. Hier gefällt vieles: die Lage, die großzügig helle Atmosphäre mit Panoramafenster zum Fluss, die große Terrasse, das gastronomische Angebot vom Frühstücksei bis zur Lammschulter, die Kinderfreundlichkeit und das Programm. Wenn sich beim Blick über den Fluss ein bisschen Fernweh einstellt, schreibt es niemand auf die Rechnung.

Lässig – **Brasserie Bernstein:** ■ **Karte 2, D 5,** s. S. 51

Urlaubsgefühle – **Dioni zur Schindkaut:** ■ **D 9,** Schindkautweg 16, Neckarau, Tel. 0621 862 86 84, www.dioni-mannheim.de, Stadtbahn 3: Rheingoldhalle, Di–Sa 11.30–14.30 u. 17–24 Uhr, So/Fei ab 11 Uhr durchgehend, Küche bis 14 und bis 22 Uhr, Mo geschl. Hauptgerichte ab ca. 11 €. Der am Rhein gelegene Grieche ist u. a. wegen der guten Fischgerichte und der jahreszeitlich betonten Frischeküche

beliebt. Viele Familien, die am Stollenwörthweiher zum Schwimmen oder im Waldpark spazieren waren, machen hier Station. Auf der Terrasse gibt es ca. 60–70 Sitzplätze.

Fast wie in Paris – **Le Comptoir 17:** ■ **Karte 2, D 5,** Lameystraße 17, Oststadt, Tel. 0621 73 61 70 00, www.comptoir17.com, Stadtbahn 2, 5, 7: Nationaltheater, Di–Sa 12–14 u. 18–24 Uhr, So/ Mo geschl. Hauptspeisen ab ca. 18 €. Das ›Bistro Parisien‹ ist Vorbild dieses jungen Lokals, das den gehobenen und lässigen Lebensstil der Mannheimer Oststadt repräsentiert. Gute und frische Produkte ohne viel Schnickschnack zubereitet, perfekt! Die passenden Weine gibt es auch dazu. Ein Tipp für das Rendezvous am Abend.

Immer eine gute Landung – **Lindbergh:** ■ **G 6,** Seckenheimer Landstraße 170 (am City Airport Mannheim), Neuostheim, Tel. 0621 41 24 65, www.restaurant-lindbergh.de, Stadtbahn 5, 6, 9: Neuostheim, Di–Do, So 9–1, Mo, Fr, Sa 9–2 Uhr, Hauptgerichte ab ca. 13 €. In dem großen Biergarten lässt sich unter alten Bäumen das Rollfeld des Flughafens beobachten. Hier trifft man sich zwischen 17 und 55, und damit ist keine Uhrzeit gemeint. Bei allen beliebt ist auch das große Sonntags-Frühstücksbuffet. Ein sympathisches Multilokal mit vielen Musikveranstaltungen.

Fernöstliche Kochkunst – **Little Saigon:** ■ **D 6,** Seckenheimer Straße 81, Schwetzingerstadt, Tel. 0621 40 06 86 90, www.little-saigon-restaurant.de, Stadtbahn 6: Planetarium, Mo–Fr 11.30–14 u. 18–22 Uhr, Sa 18–22 Uhr, So geschl., Hauptgerichte ab ca. 7 €. Etwas karg eingerichtet, dafür geht es in den Töpfen und auf den Tellern um so bunter zu. Tolles Essen für moderate Preise.

Brunch für alle – **Manufaktur Mannheim:** ◼ **C 2,** Industriestraße 35, Neckarstadt, Tel. 0621 15 40 34 69, www.manufaktur-mannheim.de, Stadtbahn 1, 3: Herzogenriedstr. Nur in den Sommermonaten als Abendrestaurant eingerichtet, ganzjährig sonntags 10–15

Uhr ein Brunch-Erlebnis für die ganze Familie, 21 €/Person, Kinder bis 16 Jahre essen und trinken umsonst.

Ein Platz an der Sonne – **Maruba Das Gasthaus:** ◼ E 4, Feudenheimer Str. 2, Wohlgelegen, Tel. 0621 3 40 07, www.marubadasgasthaus.de, Stadtbahn 4, 7: Hauptfriedhof, Mo–Fr 11.30– 24, Sa bis 1 Uhr, So/Fei 9.30–24 Uhr. Attraktiver

Typisches aus der Mannheimer Küche

Badische Bretzel: Brezeln gibt es in deutschen Städten wie Sand am Meer. Aber die badische Variante muss, um vor Experten bestehen zu können, mit kross gebackener Schleife und weichteigigem Außenteil kredenzt werden.

Buwespitzle: Eine typisch badische Kartoffelspezialität, die sich in Größe und Form am ›Spitz‹ eines kleinen Buben ausrichtet. Das durchgeknetete Gemenge aus gekochten Kartoffeln, Eiern, Mehl und Butter wird in Form gebracht und in Butter angebraten. Dazu passen Fleischgerichte ebenso wie Apfelmus oder Kompott.

Dampfnudeln: Oft in Bäckereien angeboten, aber nur noch selten mit dem erforderlichen Aufwand gemacht: Die Mehl-Hefespeise, die am besten schmeckt, wenn die kinderfaustgroße Dampfnudel luftig und zart, der Boden aber kross und knusprig braun gelingt. Traditionsbewusste Hausfrauen machen zu diesem typischen Freitagsgericht eine Kartoffelsuppe oder eine Weinsoße.

Kerscheplotzer: Süßkirschen (›Kersche‹) werden zusammen mit in Milch eingeweichten Semmeln, Zucker, Eiern und Kirschwasser in einer Auflaufform gebacken. Das schmeckt ofenwarm und mit Vanillesoße am besten, geht aber auch kalt und ohne Soße in Kuchenform.

Lewwerknödel: Zusammen mit Sauerkraut und Kartoffelbrei (oder Brot) gehören die Leberknödel auf die Speisekarte jeder kurpfälzischen Schenke.

Maultaschen: Die Taschen aus Nudelteig und Hackfleisch-Spinat-Füllung werden nicht nur als Einlage in Suppen gerne gemocht, sondern auch als preiswertes Pfannengericht. Aus der Pfanne kommen die Maultaschen oft mit ausgebratenen Zwiebelringen.

Mannemer Dreck: Eine Polizeiverordnung aus dem Jahr 1822 stellte es in Mannheim unter Strafe, »den im Hause aufgesammelten Koth mit dem Kehricht auf die Straße zu bringen«. Daraus machte sich ein Mannheimer Konditor einen Spaß und legte ein dunkles, süßes Gebäck in sein Fenster, das dem Gegenstand der Polizeiverordnung sehr ähnlich sah. Der »Mannheimer Dreck« war geboren und wurde schnell zu einer Spezialität.

Schorle: Selbst der gesundheitsbewusste Kurpfälzer mag zum Mittagessen nicht ganz auf einen Schluck Wein verzichten. Er bestellt ihn dann oft als ›saure‹ oder ›süße‹ Schorle und gibt somit vor, ob der Wein mit Mineralwasser oder Limonade gemischt sein soll.

Sommertreff im ehemaligen Vereinslokal in schönster Neckarlage.

Schöner Schein – **Onyx Bar & Restaurant: ▪ Karte 2, D 5,** Friedrichsplatz 12, !nnenstadt, Tel. 0621 12 86 88 8, www.onyx-mannheim.de, Stadtbahn 2, 3, 4, 6: Wasserturm, Mo–Fr 11–1, Sa/So/Fei 9–1 Uhr, Hauptgerichte ab ca. 16 €. Schönes Interieur, schöne Menschen vor und hinter dem Tresen. Wenn da mal ein Gast reinkommt und in die Runde ruft: »Draußen wurde ein silbergrauer Sportwagen gerammt!«, spitzen mindestens zwanzig Gäste die Ohren. Essen kann man im Onyx unter den Arkaden in einem separaten Speiseraum.

Spareribs wie in USA – **Palm's Plankenhof: ▪ Karte 2, C 5,** P6, 25, Innenstadt, Tel. 0621 71 89 89 0, www.palms-ma.de, Stadtbahn 2, 3, 4, 6: Wasserturm, Mo–Do 9–1, Fr/Sa bis 2, So 14–1 Uhr, Hauptgerichte ab ca. 15 €. Palm's steht als Abkürzung für ›Pacific Lounge Mannheim‹. In dieser angenehmen Mischung aus Bar und Restaurant reicht das Angebot von Tapas bis Spareribs. Aber auch Vegetarier und Pasta-Fans kommen auf ihre Kosten.

Beste Aussichten – **Skyline: ▪ Karte 3,** s. S. 57

Große Frühstückskarte – **Starks: ▪ Karte 2, C 5,** N4, 13 (Kunststraße), Innenstadt, Tel. 0621 122 01 29, www.starks-restaurant.de, Stadtbahn 2, 3, 4, 6: Strohmarkt, tgl. 9–1 Uhr, Hauptgerichte ab ca. 11 €. Eine beliebte Mischung aus Restaurant, Bar, Frühstücksplatz, Mittagspausentreff und Lounge im Zentrum. Von der großen Frühstückskarte empfehlen Stammgäste besonders das Fitness- und das italienische Frühstück.

Typisch Mannheim

Picknick am Rheinufer – **Die Metzgerei: ▪ C 6,** Rheinparkstraße 4, Lindenhof, Tel. 0621 83 25 26 15, www.diemetzgerei-mannheim.de, Stadtbahn 3: Windeckstraße, tgl. 9–22 Uhr. Hauptgerichte ab ca. 9 €. Das junge Bistro lockt nicht nur mit gutem Essen und mit viel Geschmack ausgewählten Weinen aus der Pfalz, sondern auch mit dem Angebot, seinen Kunden Picknick-Körbe zu packen, mit denen man dann ein paar Meter ans Rheinufer laufen kann, um dort den Modus auf ›Genuss‹ umzuschalten.

Beste Bratkartoffel – **Gasthof ›Goldene Gans‹: ▪ Karte 2, C 5,** s. S. 49

Deftiges zum Wein – **Keller's: ▪ Karte 2, C 4,** U2,2, Innenstadt, Tel. 0621 236 77, www.kellers-weinrestaurant.de, Stadtbahn 2: Kurpfalzbrücke, Mo, Di 16–24, Mi–So 11.30–24 Uhr, Küche durchgehend bis 22 Uhr, Hauptgerichte ab ca. 11 €. Eine rustikale Weinstube (auch bekannt unter dem vormaligen Namen ›Badische Weinstube‹), die von den Gästen als ›echte Mannemer Adress'‹ gehandelt wird. Badische Genossenschaftsweine und Weine aus der Pfalz bestimmen das Programm. Sauerbraten, Rouladen, Tatar und andere Beispiele einer guten Hausmannskost prägen die Speisekarte.

Ochsenbrust seit 1632 – **Zum Ochsen: ▪ H 5,** Hauptstraße 70, Feudenheim, Tel. 0621 79 95 50, www.ochsenmannheim.de, Stadtbahn 2: Feudenheim Kirche, Di–Fr 11–23, Sa 17–23, Mo 16–23 Uhr, So geschl., Hauptgerichte ab ca. 15 €. Der älteste Gasthof Mannheims hat viele Freunde, die auch gerne aus der Innenstadt in den Stadtteil Feudenheim kommen. Sehr gutbür-

Im Gasthaus zum Ochsen genießt man gutbürgerliche Spezialitäten der Region

gerlich in Interieur und Küche. Die Ochsenbrust wird besonders oft nachgefragt. Im Sommer lockt der Biergarten.

Kaiserschmarn und mehr – **Pinzgauer Stub'n:** ▨ **D 6,** Schwetzinger Straße 175, Schwetzingerstadt, Tel. 0621 44 96 75, www.pinzgauerstubn.de, Stadtbahn 1: Kopernikusstr., Di–So 12–14 u.18–22 Uhr, Mo geschl., Hauptgerichte ab ca. 13 €. Diese österreichische Küche ist schon so lange in Mannheim beliebt, dass man sie gut als ›typisch‹ für die Stadt beschreiben darf. 1a Tafelspitz, Lammgerichte, Kaiserschmarrn, Nockerln und das famose Wiener Schnitzel.

Mannemer Treff – **Schwarzer Adler:** ▨ **Karte 2, B 4,** D6, 18, Innenstadt, Tel. 0621 206 82, www.schwarzer-adler-mannheim.de, Stadtbahn 2, 6: MA-Rathaus, Mo–Fr 11.30–14 u. 17–21.30 Uhr, Sa/So geschl. Hauptgerichte ab ca. 13 €. Das bei den Reiss-Museen

gelegene Lokal ist wegen seiner bodenständigen und durchaus preiswerten Küche nicht nur in der Spargelzeit ein beliebter Treffpunkt der Mannemer.

Vegetarisch

Paradiesische Zustände – **Heller's:** ▨ **Karte 2, C 5,** s. S. 46

Östlich köstlich – **Supans Restaurant:** ▨ **Karte 2, C 5,** N3, 1, Innenstadt, Tel. 0621 156 77 23, www.supans.de, alle Stadtbahnlinien: Paradeplatz, Di–So 11.30–15 u. 17–24 Uhr, Hauptgerichte ab 13 €. Die immer frische Thai-Küche begeistert Studenten ebenso wie Geschäftsleute und Familien. ›Preiswert‹ heißt hier, dass man für die liebevoll zubereiteten Gerichte inkl. der guten Auswahl für Vegetarier gerne 2–3 € mehr bezahlt als bei mittelmäßigen Asiaten. Freundliche Atmosphäre.

Einkaufen

Magnet Mannheim

Als Einkaufsstadt ist Mannheim auf dem historischen Boden eines bedeutenden Handelsplatzes zu einem Magneten für die Großregion Rhein-Neckar geworden. Zum Einkaufen kommt man nach Mannheim aus der Pfalz ebenso wie aus dem Odenwald oder aus Hessen. Dass selbst Heidelberger hier gerne ›fremdgehen‹, schürt die lange bestehende Eifersucht der beiden Städte und hat seinen Grund im größeren Angebot Mannheims bezüglich der Top-Segmente in Mode und Einrichtung.

Anders als in den Nachbarstädten gibt es in Mannheim von günstig bis extravagant (fast) alles. Wichtige Impulse für die Entwicklung der Einkaufsstadt Mannheim setzte die Bundesgartenschau im Jahr 1975. Im gleichen Jahr wurden die Planken als traditionelle Shoppingmeile zur Fußgängerzone.

Nicht verpassen

Seit 1979 kann man auch auf der Breiten Straße zwischen Paradeplatz und Kurpfalzbrücke autofrei bummeln. Und damit sind die großen Achsen für einen Einkaufszug in der Innenstadt genannt. Da sich zudem in der Kunststraße und der Fressgasse ein Schaufenster an das andere reiht, kann man sich für die Innenstadt folgende Faustregel merken: Alle in den Quadraten gelegenen Straßen, die ›richtige Namen‹ tragen, bilden die Einkaufswelt der Innenstadt. Besondere Beachtung verdienen dabei auch die Passagen als überdachte Verbindungswege und Shoppinggalerien zwischen Kunststraße, Planken und Fressgasse (s. S. 37).

Wenn zwei sich streiten

Zu den Höhepunkten einer Shopping-Tour durch Mannheim gehört ganz gewiss auch ein Bummel durch die Engelhorn-Häuser an den Planken und in der Kunststraße. Schon seit 1890 prägt das Familienunternehmen das Gesicht der Mannheimer Innenstadt und ist heute mit fast 50 000 m² Verkaufsfläche der größte und beliebteste ortsansässige Anbieter von Mode und Sportartikeln.

Ein hochwertiges Gegengewicht dazu bildet Peek und Cloppenburg an den Planken. Stararchitekt Richard Meier hat für das Bekleidungshaus einen Glaspalast mit 10 000 m² Verkaufsfläche entworfen.

Abseits des Mainstream

Kleinformatiger, aber ebenso reizvoll zeigen sich Shops und Kunstgalerien in den Vierteln außerhalb der Quadrate. Vor allem in der Schwetzingerstadt (s. S. 48) und in der Oststadt (s. S. 52) machen Streifzüge durch Modeläden Spaß, die zum Teil mit eigenen Labels glänzen, witzige Kollektionen an Secondhand-Mode führen, oder sonst wie zu erkennen geben, dass sie das Leben gerne von der leichteren Seite ansehen. Dabei braucht man in der Oststadt mehr Geld als in der Schwetzingerstadt.

Delikatessen und Lebensmittel

Pralinen und Schokolade – **Chocolaterie Stoffel:** ◼ **Karte 2, C 5,** O7, 25 (Heinrich-Vetter-Passage), Innenstadt, Tel. 0621 2 12 02, Stadtbahn 2, 3, 4, 6: Strohmarkt, Mo–Fr 10–19, Sa 10–18 Uhr. Familienbetrieb mit großer Auswahl an frisch hergestellten Pralinen und – besonders beliebt in ganz Mannheim – Bruchschokolade. Als originelles Mitbringsel kann man das den Wasserturm als Mannheimer Symbol aus Schokolade kaufen.

Dunkle Favoriten – **Chocolat noir:** ◼ **Karte 2, C 5,** L8, 4, Innenstadt, Tel. 0621 39 74 99 44, www.chocolatnoir.de, alle Stadtbahnlinien außer 2: MA-Hbf, Mo–Fr 10–18, Sa 10–16 Uhr. Elke Gründler hat als Kind schon gerne dunkle Schokolade gegessen. In ihrem filmreif eingerichteten Schoko-Laden sorgt sie mit einer Großauswahl an feinen Sorten dafür, dass ihre Leidenschaft aus Kindertagen heute noch weitergetragen wird.

Sowas Süßes – **Dessert Werkstatt:** ◼ **Karte 2, C 5,** M3, 6, Innenstadt, Tel. 0621 1 78 96 34, www.dessert-werkstatt.de, alle Stadtbahnlinien: Paradeplatz, Di, Mi 10–18, Do, Fr 10–17, Sa 10–16 Uhr. Kochkurse und alle Zutaten zum Thema Dessert. Für alle, die keine Zeit für einen Kurs haben, gibt es auch fertige Pralinen. Köstlich.

Alles Käse – **Fromagerie La Flamm:** ◼ **Karte 2, D 5,** s. S. 54.

Italienische Feinkost – **Luisella:** ◼ **C 3,** s. S. 94

Anfänge der Feinkost – **Südlandhaus:** ◼ **Karte 2, C 4,** s. S. 38

Einrichtung und Design

Dänisches Design – **BoConcept:** ◼ **Karte 2, C 4,** D2, 5-8 (Planken), Innenstadt, Tel. 0621 8 20 14 16, www.boconcept.de, Stadtbahn 2, 6: MA-Rathaus, Mo–Sa 10–19 Uhr. Verspielt, leicht, bunt, witzig … so zeigt sich das dänische Design bei Stühlen, Sesseln und Einrichtungsgegenständen. Räume zum Stöbern in aller Ruhe.

Gut erschwinglich – **Perché No:** ◼ **Karte 2, C 4,** Q5, 6–8 (Innenstadt) Tel. 0621 43 76 27 26 www.perche-no.de, Stadtbahn 2, 3, 4, 6: Strohmarkt, Mo–Sa 10–18 Uhr. Geschmackvolle Auswahl an Einrichtungsaccessoires, dabei auch viele schöne Kerzen.

Metropolitan – **Reuter & Schmidt:** ◼ **Karte 2, C 5,** N6, 3–7 (Innenstadt), Tel. 0621 8 20 33 47, www.sur.de, Stadtbahn 2, 3, 4, 6: Strohmarkt, Mo–Fr 10–19, Sa 10–18 Uhr. Anspruchsvolle Einrichtungsgegenstände.

Ökologisch wohnen – **RobinKruso:** ◼ **B 4,** Verbindungskanal, Linkes Ufer 20–22, Handelshafen, Tel. 0621 1 70 26 26, www.robinkruso.de, Stadtbahn 6: Handelshafen, Mo–Do 8.30–18, Fr 10–18, Sa 10–16 Uhr. Handwerkerhof mit wild-romantischem Innenhof. Beim Stöbern begegnet man immer wieder geschmackvollen Accessoires für Küche, Wohnräume und Garten.

Platzhirsch – **Seyfarth GmbH:** ◼ **Karte 2, C 5,** M1, 1, Innenstadt, Tel. 0621 1 30 51, www.seyfarth-einrichtungen.de, Stadtbahn 1, 5, 6, 7: Schloss, Mo 12–19, Di–Fr 10–19, Sa 10–19 Uhr. Ein Einrichtungsparadies, soweit man eine moderne Formensprache mag. Mit einem geschmackvollen Sortiment ist das Haus in puncto Design der Mann-

Märkte und Flohmärkte

Wochenmärkte: Der größte und malerischste **Wochenmarkt** Mannheims findet auf dem Marktplatz statt (▶ Karte 2, C 4, G1, Innenstadt, Di u. Do 8–14, Sa 8–15 Uhr, Stadtbahn 1, 3, 4, 5, 7: Marktplatz, s. auch S. 63). Beliebte **Stadtteilmärkte** sind: Lindenhof auf dem Meeräckerplatz (▶ C 7, Mi u. Sa 7–13.30 Uhr, Stadtbahn 3: Meeräckerplatz) und Schwetzingerstadt an der Ecke Seckenheimer/Otto-Beck-Str. (▶ D 5, Fr 7–13.30 Uhr, Stadtbahn 6 und 9: Pestalozzischule).
Einen **Bio-Markt** gibt es auf den Kapuzinerplanken, Innenstadt (▶ Karte2, C 5, Fr 12–19 Uhr, Stadtbahn 2, 3, 4, 6: Strohmarkt). Der **Flohmarkt** heißt ›Mannheimer Krempelmarkt‹ und findet von Frühjahr bis November an sieben bis acht Samstagen vom Morgengrauen bis zum frühen Nachmittag auf dem Neuen Messplatz statt. Genaue Termine: www.mannheimerkrempelmarkt.de (▶ C 2, Neckarstadt, Stadtbahn 1, 3: Neuer Messplatz).

heimer Platzhirsch. Weiterer Standort in der Augustaanlage 21–23 (s. S. 54).

Kunstgalerien

Von Mannheimer Galerien initiiert, haben sich bisher zehn beachtenswerte Galerien der Rhein-Neckar Region in einem Verband zusammengeschlossen, um bei gemeinsamen Aktionen ein größeres Publikum anzusprechen. Die Mitglieder des Verbandes und interessante News finden sich unter www.galerienverband-mannheim.de.

Veranstaltungen und Ausstellungen – C-HUB: ■ **Karte 2, B 4,** s. S. 67

Künstler der Region – **galerie arthea:** ■ **Karte 2, D 5,** Stresemannstraße 4, Oststadt, Tel. 0621 167 92 92, www.arthea.de, Stadtbahn 2, 3, 4, 6: Wasserturm, Di, Do, Fr 14–18.30, Sa 12–16 Uhr. Die 1987 von Dorothea Gänzler gegründete Galerie liegt im schönen Quartier am Wasserturm. Schwerpunkt ist die zeitgenössische Kunst, wobei viele Künstler aus der Region ausgestellt werden.

Zeitgenössische Künstler – **Galerie Kasten:** ■ **Karte 2, D 5,** s. S. 54

Moderne Skulpturen – **Galerie Keller:** ■ **C 6,** Rheindammstraße 50, Lindenhof, Tel. 0621 828 38 21, www.galeriekeller.de, Stadtbahn 3 Windeckstr., Mi u. Do 14–18, Fr u. Sa 11–15 Uhr sowie n. V. Schwerpunkt sind plastische Arbeiten namhafter Künstler des 20. und 21. Jh. Von der Kleinplastik bis zur Skulptur im Außenbereich.

Informel und Kunst nach 1945 – **Galerie Peter Zimmermann:** ■ **D 5,** Leibnizstraße 20, Tel. 0621 41 90 31, www.galerie-zimmermann.de, Stadtbahn 5: Fernmeldeturm, Di–Fr 12.30–18, Sa 11–14 Uhr sowie nach Vereinbarung. Eine weitere Galerie, die seit 1996 in der Oststadt in einer schönen Villa residiert. Die Malerei nach 1945 bildet einen deutlichen Schwerpunkt des Programms. Zu den Zielen der Galerie zählt es, vor allem junge Künstler einem breiteren Publikum vorzustellen.

Internationale Gegenwartskunst – **Sebastian Fath Contemporary:** ■ **Karte 2, D 5,** Elisabethstraße 7, Oststadt, Tel. 0621 764 44 00, www.sebastian-fath-contemporary-galerie-fuer-zeitgenoessische-kunst.de, Stadtbahn 2, 3, 4, 6: Wasserturm, Di–Fr 14–19, Sa 10–16 Uhr. Die Galerie hat ihre Räume in einem schönen Jugendstilgebäude nahe bei der Christuskirche. Das Spektrum der ›reduzierten Formen internationaler Gegenwartskunst‹ erstreckt sich über Malerei, Fotografie und Bildhauerei zu Installationen und Videokunst.

Wundertüte voller Kunst – **Zeitraumexit:** ■ **B 3,** s. S. 67.

Mode und Accessoires

Ein Modebummel führt in Mannheim zuerst über die Planken (s. S. 37) und durch die davon abzweigenden Passagen und Seitenstraßen.

Lässig und geschmackvoll – **Dipol:** ■ **Karte 2, C 5,** R7 33 (Kaiserring), Innenstadt, Tel. 0621 86 25 10 64, www.dipol-fashion.de, Stadtbahn 2, 5: Rosengarten, Mo–Fr 11–19, Sa 10–18 Uhr. Skandinavisch geprägte, lässige Mode für Frauen und Männer. Außerdem ausgesuchte Parfums und Accessoires. Eine der angesagtesten Shopping-Adressen Mannheims.

Allrounder – **Engelhorn Mode im Quadrat:** ■ **Karte 2, C 5,** O5, Innenstadt, Tel. 0621 1 67 22 22, www.engelhorn.de, Stadtbahn 2, 3, 4, 6: Strohmarkt, Mo–Sa 10–20 Uhr. Das Flaggschiff der Engelhorn-Modehäuser, die sich um das Haupthaus herum gruppieren. Auf sieben Etagen finden sich neueste Kollektionen internationaler Marken für Frauen und Männer. Ein Muss beim Modebummel durch Mannheim. In unmittelbarer Nachbarschaft finden sich weitere Engelhorn-Häuser (s. S. 40).

Schöne Hingucker – **Galerie Glashaus:** ■ **D 6,** s. S. 49.

Nomen est omen – **HautNah Naturbekleidung:** ■ **Karte 2, C 5,** M7, 13 (Kaiserring), Innenstadt, Tel. 0621 15 53 92, www.naturbekleidung-hautnah.de, Stadtbahn 3, 4, 5, 6: Kunsthalle, Mo–Mi 9.30–18.30, Do–Fr 9.30–19, Sa 10–18 Uhr. Und ob es schöne Naturbekleidung gibt. Eine Großauswahl an ökologischer Bekleidung aus Wolle, Seide, Baumwolle, Leinen und Hanf. Erwähnenswert: die hübsche Babyabteilung.

Fabrikverkauf – **Luxury Loft:** ■ **Karte 2, B 5,** Schleusenweg 5, Hafen, Tel. 0621 40 17 83 58, www.luxuryloft.de, Stadtbahn 4, 7: Konrad-Adenauer-Brücke, Di–Fr 10–17, Mi–Sa 10–18 Uhr. Auf 250 m² High-Fashion Kollektionen, Accessoires, Taschen, Schuhe

Aus Mannheim mitgebracht
Mannemer Dreck: Diese süße Spezialität (s. S. 36) gehört in Mannheim zu den meistgekauften Souvenirs.
Mannemer Druck: Im Antiquariat der ›Quadrate Buchhandlung‹, R1, 7, gibt es kleine Stahlstiche mit Mannheimer Motiven sowie Bildbände und Schmöker.
Mannemer Fahrradklingel: Ein nachgefragter Marketing-Gag. Für 7,90 € gibt es bei der Tourist Info Mannheim (s. S. 19) eine Fahrradklingel in Würfelform. Die Stadt der Quadrate lässt sich so auch an den Fahrrädern erkennen.
Wasserturm aus Schokolade: In der Chocolaterie Stoffel (s. S. 101) kann man neben bester Bruchschokolade einen Schokolade-Wasserturm in zwei Größen kaufen: ca. 11 cm (4,95 €) und ca. 24 cm (13,95 €).

Die Kurfürstenpassage erweitert die Shoppingmeile an den Planken

und ausgefallene Wohnaccessoires. Der Fokus liegt auf Einzelstücken.

Schlichte Eleganz – **LY 21:** ■ **Karte 2 D 5**, Lameystraße 21, Oststadt, Tel. 0621 74 81 11 74, www.LY21.de, Stadtbahn 2, 5, 7: Nationaltheater, Mo–Fr 10–19, Sa 10–18 Uhr. Ein Eckladen, in dem 45 Jahre ein Friseur seinem Handwerk nachging, beherbergt nun elegante Mode für Frauen. Ein geschmackvoller Mix aus Fashion, Wohnaccessoires, Schuhen, Büchern, Kosmetik und Schmuck.

Weltstadthaus für Mannheim – **Peek & Cloppenburg:** ■ **Karte 2, C 5**, s. S. 37

Feste Größe – **Robinson Moden:** ■ **Karte 2, C 5,** P6, 3–4, Innenstadt, Tel. 0621 12 65 80, www.robinson-moden. de, Stadtbahn 2, 3, 4, 6: Strohmarkt, Mo–-Fr 9.30–19, Sa 9.30–18 Uhr. Eine feste Größe in der Mannheimer Mode-

welt. Für Frauen und Männer eine große Auswahl an Basics.

Finest T-Shirts – **Torso:** ■ **Karte 2, C 4,** R6, 7, Innenstadt, Tel. 0621 391 76 42, www.torso.de, Stadtbahn 2, 5, 7: Nationaltheater, Mo–Fr 12–19, Sa 11–18 Uhr. Oft wechselnde Angebote an schönen T-Shirts für Frauen und Männer.

Originell und besonders

Märchenhaft – **Blumen Tekath:** ■ **Karte 2, D 5,** s. S. 51

Art déco – **Formliner:** ■ **Karte 2, C 4,** Friedrichsring 30 A, Oststadt, Tel. 0621 1 56 07 07, www.formliner.de, Stadtbahn 3, 4, 5, 6: Kunsthalle, Di–Fr 14–19, Sa 11–16 Uhr und nach Vereinbarung. Eine Fundgrube für Liebhaber von Art déco und Jugendstil. Neben

Möbeln gibt es auch Bilder, Schmuck und Accessoires.

Sympathisch verrückt – **Luft und Liebe:** ■ **Karte 2, C 5,** N7, 9, Innenstadt, Tel. 0621 10 57 47, www.luftundliebe.com, Stadtbahn alle Linien: Kunsthalle, Mo–Fr 10–19.30, Sa 10–18 Uhr, Luftballons, witzige Geschenk-, Jonglier- und Scherzartikel. Ein Laden, der in Mannheim seit mehr als 25 Jahren viele Freunde hat. Hier gibt es auch Veranstaltungstickets.

Nicht von Pappe – **Papyrien:** ■ **Karte 2, C 5,** O6, 10 (Kapuzinerplanken), Innenstadt, Tel. 0621 10 65 55, www.papyrien.de, Stadtbahn 2, 3, 4, 6: Strohmarkt, Mo–Fr 10–20, Sa 10–18, im Dez. Sa bis 20 Uhr. Dass die Gestaltung und Herstellung von Papier ein Kunsthandwerk sein kann, wird hier in vielfältiger Form sichtbar.

Secondhand – **Sasas Vintage:** ■ **C 3**, Riedfeldstraße 36, Neckarstadt, Tel. 0621 43 73 31 14, www.sasasvintage.com, Stadtbahn 2: Neumarkt, Mi 13–18, Do 15–20, Fr 13–18, Sa 14–18 Uhr. Hier fühlt man sich ein bisschen wie in Berlin. Manche Kleider, Schuhe, Taschen und ungewöhnliche Accessoires sind fast schon museumsreif, durch besondere Pflege und Aufarbeitung aber auch wieder schick und modisch. Ein Umweg dorthin lohnt, ebenso ein Telefonat, um zu klären, ob der Laden geöffnet ist.

Schuhe

Stilvoll für alle Generationen – **Gero Mure:** ■ **Karte 2, C 5,** P6, 22 (Planken), Innenstadt, Tel. 0621 1 08 76, www.gero-mure.de, Stadtbahn 2, 3, 4, 6: Wasserturm, Mo–Sa 10–19, Qualität und Design sind hier auf hohem Niveau ausbalanciert. Das seit den 1970er-Jahren familiengeführte Geschäft hat auch eine Linie für junge Schuhfans entwickelt und dafür das Geschäft Kaos by Gero Mure (P3, 11) eingerichtet.

Italian Style – **Pellegrini:** ■ **Karte 2, C 5,** Q5, 1, Innenstadt, Tel. 0621 1 78 37 71, www.pellegrini-schuhe.com, Stadtbahn 2, 3, 4, 6: Strohmarkt, Mo–Fr 10–19, Sa 10–18 Uhr. Flotte und hochwertige Schuhmode aus Italien.

Mit DDR-Geschichte – **ZEHA Store Mannheim:** ■ **Karte 2, C 4,** R6, 6, Innenstadt, Tel. 0621 39 72 90 03, www.zeha-berlin.de, Stadtbahn 2, 5, 7: Nationaltheater, Mo–Fr 11–19, Sa 10–18 Uhr. Die Schuhmanufaktur stammt aus Thüringen und war einst Olympiaaustatter der DDR, heute gibt es Retro-Sneakers für Frauen und Männer.

Mannheimer Passagen

Fünf überdachte Shopping-Galerien schaffen, vom Wasserturm aus gesehen, im ersten Teil der Planken höchst angenehme und anregende Verbindungen zwischen Planken und Fressgasse beziehungsweise Planken und Kunststraße. In Reihenfolge heißen sie ›ÖVA-Passage‹, ›Heinrich-Vetter-Passage‹ (Planken/Kunststraße), ›Zürich-Passage‹, ›Kurfürstenpassage‹ und ›Plankenhof-Passage‹ (s. Karte S. 39). Hier wirkt alles großzügig, elegant und lässig. Kein bieder zur Schau gestellter Protz, sondern guter Geschmack hinter vielen Fenstern.

Ausgehen – abends und nachts

Die Pophauptstadt

Die regionalen Medien nennen Mannheim noch zurückhaltend die heimliche Hauptstadt des Pop. Dieses ›heimlich‹ ist eigentlich überflüssig, nachdem die **Popakademie** nicht nur ausbildet, sondern das Mannheimer Unterhaltungsangebot merklich bereichert und die SAP-Arena als größte Veranstaltungshalle des Landes regelmäßig Stars anzieht.

Jüngste Pläne von Xavier Naidoo und Michael Herberger, beide mit den Söhnen Mannheims bekannt geworden, stärken diese Entwicklung. Seit dem schrittweisen Abzug der US-Streitkräfte arbeiten sie mit der Unterstützung von Wirtschaft und Politik an der Errichtung eines großen Komplexes aus Konzerthallen und Studios für Film und Theaterproduktionen auf einem frei werdenden Kasernengelände in Mannheim-Vogelstang. Angefeuert von einem jungen Publikum, das sich teils selbst in der Musikhochschule (s. S. 112) ausbilden lässt, hat Mannheim auf dem Weg zur Pophauptstadt Fahrt aufgenommen.

Auch auf anderen Bühnen eine Größe

Es ist aber nicht allein die Popmusik. Seit Kurfürst Carl Theodor im 18. Jh. alles daran setzte, aus seiner Residenzstadt eine kulturelle Hochburg zu machen, ist dieser Wunsch in Mannheim wach geblieben. Mit dem **Nationaltheater** (s. S. 114), hervorragenden Orchestern und besten Ausbildungsmöglichkeiten

für den musikalischen Nachwuchs war schon früh eine gute Basis gelegt.

Große Bedeutung hat auch das Internationale **Filmfestival Mannheim-Heidelberg** (s. S. 18): Regisseure wie François Truffaut, Wim Wenders oder auch Rainer Werner Fassbinder zeigten ihre ersten Filme in Mannheim und erlangten danach Weltberühmtheit.

Töchter und Söhne Mannheims

Was sich im Straßenbild tagsüber an bunter Internationalität zeigt, bildet auch die Grundlage für ein vielseitiges Nachtleben. Die Töchter und Söhne Mannheims, die Licht und Leben ins Dunkel der Nacht bringen, haben bei weitem nicht nur deutsch-deutsche Elternpaare. Direkt oder indirekt sind es die Enkel einer musikalischen Szene, die in den Nachkriegsjahren mit den US-Army-Clubs in Mannheim Einzug hielt.

Den Clubs folgten erste ›Tanzdielen‹, die mit der Zeit in Discos und Open-Airs mutierten. Anfang der 1980er-Jahre wurden die ›Alte Feuerwache‹ und das ›Capitol‹ zu dem, was sie heute noch sind, erfolgreiche Veranstaltungsorte für einen Kulturbegriff, der gegen den Strich gebürstet ist. Die Kneipenszene der Stadt ist studentisch geprägt, aber nicht dominiert. Angenehm ist dabei, dass viele Bars, Discos und Clubs auf die schmalen Geldbeutel der Studenten Rücksicht nehmen, und deshalb bei

Sonderaktionen den Preis recht oft nach unten drücken.

Zu einem Zentrum der Nacht hat sich in jüngerer Zeit das Gebiet des ›Jungbuschs‹ entwickelt. Bars, Clubs, Veranstaltungsorte und Beach-Bars reihen sich hier aneinander.

Strandbars

In den Sommermonaten (Juni–Sept.) haben sogenannte Strandbars in Mannheim am Neckar und am Hafen die Sonnenschirme aufgespannt. Dort im Liegestuhl einen Cocktail zu genießen oder Party zu machen, ist absolut angesagt. Zu diesen Bars gehören: **Hafen 49** (Hafenstraße 49, www.hafen49.de), **Playa del Ma** (Industriestraße 35, www.playadelma.de) und **OEG Citybeach** (Friedrichsring 48, www.oeg-citybeach.de).

Aktueller Überblick

Über die jeweilig angesagten Locations informiert ausführlich und zuverlässig www.meier-online.de.

Der Onlinedienst **www.schnecken hof.de** weist als Hofberichterstatter des studentischen Partyplatzes ›Schneckenhof‹ nicht nur auf Uni-Feste hin, sondern auch auf das, was außerhalb der Uni ab 20 Uhr passiert.

Tickets

Vorverkaufsstellen in Mannheim sind: ›Rhein Neckar Ticket‹ (online auf www.rheinneckarticket.de) in den Räumen des ›Welcome Centers Mannheim‹, Willy-Brandt-Platz, 5 (beim Hauptbahnhof), Mo–Fr 14–18 Uhr, Sa, So/Fei geschl. ›Rhein Neckar Ticket‹ im Kundenforum des ›Mannheimer Morgen‹ P3, 4–5, Tel. 0621 10 10 11. Weitere Information dazu: Tourist Information (s. S. 19).

Bars und Kneipen

Everything goes – **Chocolate Cocktailbar:** ■ **Karte 2, B 4,** G7, 1, Innenstadt, Tel. 0621 43 72 39 83, www.chocolate-cocktailbar.de, Stadtbahn 2: Dalbergstraße. Mo–Do u. So 10–3, Fr/Sa 10–5 Uhr. Die Bar liegt nahe beim Odeon-Kino und nahe am Jungbuschviertel. Hier geht ziemlich viel: Kicken (Großleinwand für Fußballfans), Cocktails in Hülle und Fülle, Karaoke und Partys ohne Ende.

Ein Zimmer voll Istanbul – **Kilim:** ■ **Karte 2, C 5,** Q5, 14–22 (Passage), Innenstadt, Tel. 0621 1 56 93 10, www.kilim-mannheim.de, Stadtbahn 2, 3, 4, 6: Strohmarkt, So–Do 17–1 Uhr, Fr, Sa 17–3 Uhr. Ein ›Zimmer voll Istanbul‹ in Mannheim. Wer gerne entsprechende Musik hört oder türkische Titel im Karaoke-Stil mitsingen möchte, macht einen abendlichen Abstecher in dieses sympathische Lokal.

Evergreen – **Lindbergh:** ■ **G 6,** Seckenheimer Landstraße 170, Neuostheim, (am City Airport Mannheim), Tel. 0621 41 24 65, www.restaurant-lindbergh.de, Stadtbahn 5, 6, 9: Neuostheim, So–Do 9–1, Fr/Sa 9–2 Uhr. Eine tolle Mischung aus Bar, Restaurant und Club ist seit vielen Jahren bei unterschiedlichen Altersgruppen beliebt. Das Konzept: ein zeitlos angenehmes Ambiente, faire Preise für Speis' und Trank, gute Musik (auch live).

Schräg und schrill – **Onkel Otto Bar:** ■ **Karte 2, B 4,** Jungbuschstraße 8, Tel. 0621 39 17 93 93, www.onkelottobar.de, Stadtbahn 2: Dalbergstraße, Fr und Sa 21–3 Uhr. Die seit 1954 bestehende Bar ist ein Relikt aus den Zeiten, in denen die Prostitution den Stadtteil Jungbusch beherrschte. In Rotlicht ge-

107

tauch, mit Originalen am Tresen und einem Ambiente lebenslustiger Toleranz.

Kolonialstil – **Speicher7 Bar:** ■ **Karte 2, B 5,** Rheinvorlandstraße 7, Hafen 1, Tel. 0621 122 66 80, www.speicher7.com, Stadtbahn 1, 5, 7: Schloss. Mo–Do 16–1, Fr 16–2, Sa 12–2, So 12–24 Uhr. Im vormaligen Getreidespeicher am Hafen wurde 2013 nicht nur ein schickes Hotel eingerichtet, sondern auch eine attraktive Cocktailbar. In warmen Tönen eingerichtet, lädt die Bar zu einem langen Abend ein.

Lange bewährt – **Stars Turmcafé und Cocktailbar:** ■ **Karte 2, C 5,** N1 (Stadthaus), Innenstadt, Tel. 0621 2 16 00, www.turmcafe-stars.de, alle Stadtbahnlinien: Paradeplatz, So–Do 14–1, Fr–Sa 14–3 Uhr, Longdrinks ab ca. 11 €. Die Cocktailbar im hohen Turm des modernen Stadthauses am Paradeplatz bietet außer einer fantastischen Aussicht über die Dächer Mannheims bis zum Odenwald und Pfälzerwald eine gigantische Auswahl von über 130 Cocktails. Von den zwei Stockwerken ist eins für Raucher.

Gehobenes Trinken – **Vinebar Lutter & Wegner:** ■ **Karte 2, D 5,** Am Friedrichsplatz 14, Innenstadt, Tel. 0621 40 04 29 33, www.lutter-wegner-vinebar.

Das Lindbergh gehört zu den Evergreens der Abend- und Nachtszene

de, Linien 2, 3, 4, 6: Wasserturm, Mo–Sa 17–1, So geschl. Von Hauptgerichten kann man hier nicht sprechen. Das Essen ist den Weinen eher ein passender Begleiter. Dafür gibt es aber eine schöne Auswahl an französischem Käse und an Flammkuchen.

Angenehmer Mischmasch – **Zapatto & Friends:**  **Karte 2, C 5,** Willy-Brandt-Platz 17, Innenstadt (Bahnhof), Tel. 0621 178 68 30, www.zapatto.de, alle Stadtbahnlinien außer 2: MA-Hbf, So–Do 10–24, Fr 10–3, Sa 21–3 Uhr. Bar/Lounge/Café/Veranstaltungsort. Was tagsüber als schöner Großraum zum Kaffeetrinken animiert, lockt freitags bis spät in die Nacht auf über 700 m² zahlreiche angehende Akademiker zu heißen Salsa-Rhythmen.

Clubs und Diskotheken

Geht immer – **Das Zimmer:** ■ **Karte 2, C 5,** Q5, 14-22, Innenstadt, Tel. 0621 12 50 86 40, www.daszimmer.com, Mi 21–04 Uhr, Do 21–2, Fr u. Sa 21–5, So 21–2 Uhr, Stadtbahn 2, 3, 4, 6: Strohmarkt. In dem rund 130 m² großen ›Zimmer‹ feiert und tanzt ein nicht nur bezüglich des Alters ziemlich gemischtes Publikum. Eintritt 3 bis 6 €, je nach Wochentag und Programm. Freitags sind die Preise und die Altersgruppen etwas höher angesetzt, sonntags erlebt man ein schwul-lesbisches Stelldichein.

Eleganz auf zwei Etagen – **Disco Zwei:** ■ **Karte 2, C 4,** T6, 14, Innenstadt, kein Telefon, www.disco-zwei.de, Stadtbahn 2, 5, 7: Nationaltheater, Fr, Sa 23–5 Uhr. Diese 2010 eröffnete Location wurde mit ihrer edlen Einrichtung und abwechslungsreichem Musikprogramm schnell einer Top-Adresse in Mannheims Nachtleben.

Relaxed – **KOI Club:** ■ **Karte 2, C 5,** N5, 2, Innenstadt, Tel. 0621 12 26 88 70, www.koi-mannheim.de, Stadtbahn 2, 3, 4, 6: Strohmarkt, Bar Do–Sa 20–4 Uhr, Club Do–Sa 23–5 Uhr. Lounge-Atmosphäre in altem Gemäuer. Raucherzimmer. Elektro-Pop zum Tanzen, Jazz zum Chillen. Große Cocktailkarte (Longdrink ca. 10 €).

Multi-Dancing – **MS Connexion:** ■ **E 9,** s. S. 115

Auch für Ü-30 – **Orange Club:** ■ **G 2,** Koblenzerstr. 17–21, Käfertal, Tel.

0621 717 77 68, www.orangeclub-ma.de, Stadtbahn 4: Im Rott, Fr 22–4, Sa 22–5 Uhr. Fünf Bars, eine Lounge, ein Bistro und zwei große Tanzbereiche warten auf tanzfreudiges Publikum, das nicht nur aus Mannheim kommt. Innen-einrichtung, Ambiente und musikalische Schwerpunkte des Clubs sind so gestaltet, dass man sich auch als älteres Semester gerne länger hier aufhält. Klassiker der 1980er und 1990er bilden mit aktuellen Titeln aus den Charts einen deutlichen Programmschwerpunkt.

Klein aber – **Soho:** ■ **Karte 2, C 4,** J7, 16, Innenstadt, Tel. 0621 1 33 82, www.soho-club.de, Stadtbahn 2: Dalbergstraße, Mo, Mi u. Do 22–3, Fr/Sa 23–5 Uhr. Wenn Eintritt verlangt wird, dann moderat (5–6 €). Eine gelungene Mischung aus Kellerbar, Club und Lounge. Gilt als Top-Club für Elektro.

Durch Umzug verschönert – **The Suite:** ■ **C 6,** Heinrich Von Stephan Strasse 15, Schwetzingerstadt, Tel. 0621 40 17 58 21, www.the-suite.de, alle Stadtbahnlinien außer 2: MA-Hbf, Fr, Sa 23–5 Uhr. Der seit Langem beliebte Club hat mit einer neuen Location an Beliebtheit noch zugelegt. Es gibt einen Raum zum Tanzen und einen kleineren Raum zum Quatschen. Viele Livekonzerte, ansonsten Electro, Alternative, Indie, Rock aus Dosen.

Beliebtes Urgestein – **Tiffany:** ■ **Karte 2, C 5,** O7, 25, Innenstadt, Tel. 0621 15 44 55, www.tiffany-mannheim.de, Linien 2, 3, 4, 6: Wasserturm, Do, Fr, Sa 22–5 Uhr, Longdrink 10 €. 2019 wird der Club sein 50-jähriges Bestehen feiern. Er gehört zu den stabilsten Adressen des deutschen Nachtlebens. Umfangreiche Renovierungen sorgten beim Tiffany 2011 für ein gelungenes Facelifting.

Kino

Man kann in Mannheim pro Woche unter ca. 40 Filmen wählen. Zu den fünf Programmkinos gehören zwei zentral gelegene Multiplexkinos mit acht (Cineplex) und zehn (Cinemaxx) Sälen. Kleinere Kinos wie Atlantis, Odeon oder Cinema-Quadrat bringen auch Originalversionen und Filme für kleinere Zielgruppen.

Für Nischenpublikum – **Atlantis:** ■ **Karte 2, C 4,** K2, 32, Innenstadt, Tel. Res. 0621 2 12 00, Stadtbahn 2: Kurpfalzbrücke. **Odeon:** ■ **Karte 2, B 4,** G7, 10, Tel. 0621 1 56 55 09, Stadtbahn 2: Dalbergstraße, Website mit Programen für beide: www.atlantis-kino.de

Kommunales Kino – **Cinema-Quadrat:** ■ **Karte 2, D 4,** Collini-Straße 5, Innenstadt, Tel. 0621 2 12 42, www.cinemaquadrat.de, Stadtbahn 5: Collini-Center. Die hier gezeigten Filmreihen und organisierten Veranstaltungen überschreiten die reine Unterhaltungsdimension des Kinos. Sie pflegen das Genre der Filmkunst ebenso wie das gesellschaftliche Veränderungspotenzial, das Filme in sich tragen.

Multiplex – **Cinemaxx:** ■ **Karte 2, C 5,** N7, 17, Innenstadt, Stadtbahn 2, 3, 4, 6: Wasserturm. **Cineplex** ■ **Karte 2, C 5,** P4, 13 (Planken), Innenstadt, Stadtbahn 2, 3, 4, 6: Strohmarkt. Reservierungstelefon und Website mit Programen für beide: Tel. 01805 62 64 66, www.kinos-in-mannheim.de.

Konzerte und Oper

Das 1952 gegründete **Kurpfälzer Kammerorchester** (Tel. 0621 1 45

Filmhelden als Deko: Kneipe des Kinos Odeon

54, www.kko.de) steht in der Nachfolge der kurfürstlichen Hofkapelle und fühlt sich der Tradition der ›Mannheimer Schule‹ verpflichtet. Damit wird ein Musikerkreis bezeichnet, der in der Regierungszeit Carl Theodors in Mannheim 1743–1777 europaweit Bedeutung erlangte. Johann Anton Wenzel Stamitz gilt als Begründer der ›Mannheimer Schule‹. Unter dem Begriff wurde zunächst eine Violin- und Orchesterschule, dann aber auch zunehmend eine Kompositionsschule verstanden, die die barocken Formen der Musiksprache überwand. Die Aufführungsorte des engagierten und sehr beliebten Orchesters sind auf der genannten Website aufgeführt.

International renommiert – **Nationaltheater:** ■ **Karte 2, D 4,** s. S. 114. Regelmäßige Opernproduktionen, die autonom arbeitende Junge Oper, große Konzertzyklen sowie regelmäßige Familienkonzerte und Kammermusikmatineen machen das Haus zu ei-

nem Magneten für Liebhaber der klassischen Musik.

Kongresszentrum – **Rosengarten:** ■ **Karte 2, D 5,** Rosengartenplatz 2, Tel. 0621 41 06-0, www.rosengarten-mannheim.de, Stadtbahn 5: Rosengarten. Hinter der historischen Jugendstilfassade glänzen moderne Großräume und eine zeitgemäße Veranstaltungstechnik. Der Mozartsaal und der Musensaal gehören zu den wichtigsten Mannheimer Veranstaltungsorten.

Konzerte – **Christuskirche:** ■ **Karte 2, D 5,** Werderplatz 15, Kartentelefon 0621 41 22 76, www.christuskirche.org, Stadtbahn 5: Rosengarten. Etwa 80 Konzerte klassischer und kirchlicher Musik im Jahr, s. S. 52.

Großes Musikprogramm – **Johanniskirche:** ■ **C 6,** Rheinaustraße 19, Tel. 0621 82 40 74, www.musik-an-johannis.de, Stadtbahn 3: Lindenhofplatz. Die Johanniskirche im Stadtteil Linden-

Ausgehen

hof bildet mit ihrem kirchenmusikalischen Angebot einen Anziehungspunkt für die ganze Region. Regelmäßige Oratorienkonzerte der Johanniskantorei sowie Kantaten-, Kammer- chor- und Gospelprojekte, Orgel- und Kammerkonzerte. Auch die Musikhochschule Mannheim (s. u.) nutzt die Johanniskirche für Proben und Konzerte.

Begehrte Aufführungen – **Staatliche Hochschule für Musik:** ■ **Karte 2, C 5,** N7, 18, Tel. 0621 292 35 00, Stadtbahn 2, 3, 4, 6: Wasserturm. Die ›MuHo‹ trägt jährlich mit fast 500 Veranstaltungen zum Kulturprogramm der Stadt bei. Dabei finden die Konzerte im Kammermusiksaal oder im Hans-Vogt-Saal der Hochschule statt; bisweilen gastieren die studentischen Vorträge auch in Sälen außerhalb der Hochschule. Das aktuelle Programm findet sich auf der Website www.muho-mannheim.de.

Früh übt sich – **Städtische Musikschule:** ■ **Karte 2, C 4,** E4, 14, Tel. 0621 2 93 87 50, www.mannheim.de/musikschule, Stadtbahn 1, 3, 4, 5, 7: Marktplatz. Ein Großteil der Aufführungen findet in den beiden großen Konzertsälen der Schule statt.

Live-Musik

In einigen der oben aufgeführten Bars, Clubs und Discos gibt es ab und an Live-Musik. Ein Blick auf die Websites ist diesbezüglich nützlich. Beliebte Bühnen für kleine oder große Konzerte sind:

Ein absolutes Muss – **Alte Feuerwache:** ■ **C 4,** s. S. 61

Junges Leben – **Alte Seilerei:** ■ **E 9,** Angelstraße 33, Mannheim-Neckarau,

Tel. 0621 8 54 41 44, www.alteseilereimannheim.de, Stadtbahn 1, 8: Friedrichstraße. Ein Freizeitkomplex auf ehemaligem Fabrikgelände: Partys, Konzerte, Comedy, Theater, Musicals. Seit September 2012 residiert hier auch das Rhein-Neckar-Theater

Leuchtturm und Solitär – **Popakademie:** ■ **B 3,** Hafenstr. 33, Jungbusch, Tel. 0621 53 39 72 00, www.popakademie.de, Stadtbahn 6: Rheinstraße. Die Akademie hat Mannheim in die Schlagzeilen gebracht und in der Stadt einen Schub in Richtung Musik-Business ausgelöst. An der Akademie finden regelmäßig Konzerte und weitere Veranstaltungen wie die Open House-Reihe statt. Sie sind auf der Website verzeichnet.

Nicht nur Klassik – **Rosengarten:** s. Konzerte und Oper

Sport und Konzerte – **SAP Arena:**  **G 7,** Xaver-Fuhr-Str. 150, Mannheim Neuostheim, Tickethotline: 0621 18 19 03 33, www.saparena.de, Stadtbahn 6: SAP-Arena. Die 2005 eröffnete SAP Arena ist Baden-Württembergs größte Multifunktionshalle und eine der modernsten Sport- und Veranstaltungsarenen Europas. Hier tragen die Adler Mannheim (Eishockey) und die Rhein-Neckar-Löwen (Handball) ihre Heimspiele aus. Darüber hinaus lässt sich die spektakuläre SAP-Arena mühelos von einem Eisstadion in eine Konzerthalle umbauen, um Weltstars auf der Bühne zu empfangen.

Theater

Musik, Lesungen und Theater – **Alte Feuerwache:** ■ **C 4,** s. S. 61 und Kasten S. 114

Kleinkunst ganz groß – **Capitol:** ■ **C 3,** s. S. 62

Kabarett-Bühne – **Klapsmühl am Rathaus:** ■ **Karte 2, B 4,** s. S. 36

Klassisch – **Nationaltheater:** ■ **Karte 2, D 4,** s. S. 114

Mitten drin – **Oststadttheater:** ■ **Karte 2, C 5,** (Stadthaus) N1, 1, Tel. 0621 160 60, www.oststadt-theater.de, alle Stadtbahnen: Paradeplatz. Wegen

Abrocken beim Kurfürsten: Konzert im Schlosshof

des Neubaus der Kunsthalle musste das seit 1990 bestehende Oststadttheater in die Stadtmitte umziehen. Dort hat das populäre Boulevard-Theater seinen Platz seit 2014 im zentral gelegenen ›Stadthaus‹. Lustspiele und Mundartstücke bilden den Programmschwerpunkt. Hans-Joachim Heist, bekannt als Gernot Hassknecht in der ZDF Heute Show, gehört zu den Regisseuren des Theaters.

Populär – **Schatzkistl:** ■ **Karte 2, D 5,** s. S. 44

Junge Bühne – **Theater Felina-Areal:** ■ **D 3,** Holzbauerstraße 6, Neckarstadt, Tel. 0621 3 36 48 86, www. theater-felina-areal.de, Stadtbahn 4, 5: Lange Rötterstraße. Das 2009 eröffnete Theater ist ein Spielort für Produktionen freier Gruppen der Bereiche Schauspiel, Musik-, Tanz- und Kindertheater.

Partner sind u. a. das Neue Ensemble (Professionelle Schauspieler), die Theaterakademie Mannheim, die Kammeroper Mannheim und MS-Tanzwerk.

Freude am Experiment – **Theaterhaus TiG7:** ■ **Karte 2, B 4,** G7, 4b, Innenstadt, Kartentelefon 0621 15 49 76, www.tig7.de, Stadtbahn 2: Dalbergstraße. Seit Mitte der 1990er-Jahre ein experimentierfreudiges, vielseitiges Theater mit Studioatmosphäre. Das eigene Ensemble zeigt zeitgenössische Dramen, regionale Autoren und Klassiker. Aber auch Kabarett, Comedy und Komödie stehen auf dem Spielplan. Das Theaterhaus ist auch ein begehrter Spielort für die verschiedenen Gruppen der freien Szene.

In einer Pizzeria gegründet – **Theater Oliv:** ■ **C 3,** Am Meßplatz 7, Neckarstadt, Kartentelefon 0621 819 14

Nationaltheater Mannheim

Als größtes und ältestes kommunales Vierspartenhaus weltweit blickte das Nationaltheater Mannheim 2009 auf eine 230-jährige Geschichte zurück. Schauspiel, Oper, Ballett und Kinder- und Jugendtheater ziehen jährlich ca. 320 000 Besucher an. Über den regulären Spielbetrieb hinaus gibt es regelmäßig Sonderveranstaltungen, Reihen und Festivals wie den Mannheimer Mozartsommer oder die Internationalen Schillertage. Ein Meilenstein in der Geschichte des Hauses war die legendäre Uraufführung von Schillers ›Die Räuber‹ am 13. Januar 1782. In den drei Jahrhunderten Mannheimer Ballettgeschichte spiegelt sich die Entwicklung des Tanzes wider. Das Kinder- und Jugendtheater ›Schnawwl‹ hat sich seit seiner Gründung 1981 zu einer festen Größe für die gesamte Rhein-Neckar-Region entwickelt. Das historische Bühnengebäude des Nationaltheaters am Schiller-Platz wurde im Zweiten Weltkrieg von Bomben zerstört. Seit 1957 hat es am Goetheplatz seinen Ort (www.nationaltheater-mannheim.de). Die einzelnen Spielstätten des Nationaltheaters liegen nah beieinander. Es sind: großes Opernhaus/Schauspielhaus (am Goetheplatz), Werkhaus (Mozartstraße 11), Tanzhaus Käfertal (Galvanistr. s/n, Firmengelände Alstom, Tor 6 A) sowie Junge Oper/Kinder- und Jugendtheater (Alte Feuerwache, Brückenstraße 2–4, Karten Tel. 0621 1 68 03 02). Karten für die anderen Häuser Tel. 0621 16 80 15-0. Tageskassen 1 Std. vor Beginn. Stadtbahn 2, 5, 7: Nationaltheater.

77, www.theateroliv.de, Stadtbahn 1, 2, 3, 4: Alte Feuerwache. Das 2001 in den Nebenräumen einer Pizzeria aus der Taufe gehobene Theater hat inzwischen ein eigenes Ensemble und einen großen Freundeskreis. Im Programm tauchen immer wieder zeitkritische und regionale Themen auf.

Avantgardistisch – **zeitraumexit:** ■ **B 3,** Hafenstraße 68, Jungbusch, Tel. 0621 33 93 97 55, www.zeitraumexit. de, Stadtbahn 2: Dalbergstraße. Das Künstlerteam von zeitraumexit vereint in seiner Programmgestaltung, das Bildende und Darstellende Künste gleichberechtigt präsentiert wird: Live Art, Performance-Kunst, Video, Installation, Zeichnung, Fotografie, Tanz.

Schwul und Lesbisch

Bei der Touristinformation gibt es einen informativen Flyer mit dem Titel »Queer im Quadrat, Mannheim für Schwule und Lesben«. Als entsprechende Infobörse gilt auch die ›Himbeerparty‹, die an jedem letzten Samstag im Monat in der Alten Feuerwache (s. S. 61) gefeiert wird: www.himbeerparty.de.

Gut gehalten – **Café Klatsch:** ■ **Karte 2, D 4,** Hebelstraße 3, Oststadt, Tel. 0621 1 56 10 33, www.klatsch-mann heim.de, Stadtbahn 2, 5, 7: Nationaltheater, Mo–Do 18–3, Fr, Sa 18–4, So, Fei 16–3 Uhr. Ein Veteran und eine Legende unter den Mannheimer Schwulencafés. Nahe beim Nationaltheater gelegen, begrüßt das Café Klatsch vor allem ein Publikum jenseits der 35.

Bäumchen wechsel Dich – **Café Kuß-mann:** ■ **C 4,** T6, 19, Innenstadt, Tel. 0621 3 97 42 70, www.cafe-kuss mann.de, Stadtbahn 2, 5, 7: National-

theater, Mo–Do 10–1, Fr 10–3, Sa 14-3, So 14–1 Uhr. Das Café der ›küssenden Männer‹ wechselt öfter seine Deko, um als »Bäumchen wechsel Dich« zu überraschen. Im Sommer mit schönem Freisitz unter Olivenbäumen. Der zweite Freitag eines Monats ist fester Partytermin für Gays, Lesbians and Friends.

Italo-Ambiente – **Lello:** ■ **Karte 2, D 5,** Berliner Straße 17, Oststadt, Tel. 0621 3 70 90 00, www.cafe-lello. de, Stadtbahn 2, 5, 7: Nationaltheater, Di–Do 18–1, Fr/Sa 18–3 Uhr, So/Mo geschl., Mo geschl. Angenehm entspannte Atmosphäre, große Auswahl an italienischen Kaffeespezialitäten, im Sommer leckeres Eis, ein schöner Ort zum Abschalten und Anbandeln.

Multi-Dancing – **MS Connexion:** ■ **E 9,** Angelstraße 33, Mannheim-Neckarau, Tel. 0621 8 54 41 44, www.ms connexion.de, Stadtbahn 1, 8: Friedrichstraße, Mi–Sa ab 22 Uhr. Dancefloor-Freunde aus der gesamten Region kommen hierher. Dabei auch jede Menge Schwule und Lesben, für die so mancher Themenabend organisiert wird. Die alte Fabrik wurde auf Vordermann gebracht, was vor allem den Tanzflächen gut getan hat. Freitags finden sich auch Gäste über 30 ein. Alle Musikstile sind vertreten. An jedem zweiten Samstag im Monat ab 22 Uhr ›Gaywerk‹.

Partybar – **Rosanellis:** ■ **Karte 2, C 4,** S2, 16, Innenstadt, Tel. 0621 1 78 56 90, www.rosanellis.de, Stadtbahn 1, 3, 4, 5, 7, 5: Marktplatz, Di–Do 21–3, Fr, Sa 21–5 Uhr. Szenebar mit vielen Mottopartys in der Innenstadt. Die Freundlichkeit der Barkeeper, leckere Cocktailrezepte sowie eine gute Musikauswahl haben dem Rosanellis schon den Titel ›Partybar Nr. 1 in Mannheim‹ eingebracht.

Register

Register

Register

**Unterwegs mit
Helmuth Bischoff**
Helmuth Bischoff lebt seit den 1970er-Jahren in Heidelberg. Der freie Journalist und Autor wurde in Worms geboren, ist in der Südpfalz aufgewachsen und hat in Heidelberg Geschichte und Politische Wissenschaft studiert, er promovierte zu einem Thema der spanischen Demokratieentwicklung. Bei diesem Aufenthalt entstanden auch erste Reportagen für Reisemagazine. Für den DuMont-Reiseverlag verfasste Helmuth Bischoff die Bände DuMont Direkt Barcelona und Karlsruhe sowie die Reisetaschenbücher Barcelona und Rhein-Neckar. Regelmäßige Aufenthalte in Mannheim gehören zum Leben des Wahlheidelbergers dazu.

Abbildungsnachweis

Helmuth Bischoff, Heidelberg: S. 120
DuMont Bildarchiv, Ostfildern: S. 37, 84/85 (Holz)
Gerhard Kopatz, Mannheim: S. 4/5, 10/11, 26/27, 35, 40, 46, 48, 50, 75, 76, 90, 92/93, 99, 100, 104/105, 108/109, Umschlagrückseite
laif, Köln: S. 65 (Barth); 70, 72 (Teichmann)
Mauritius, Mittenwald: S. 78, 80/81 (Age); 82 (Bahnmüller); 28 (Böck);

Umschlagklappe vorn, 43, 52 (Euroluftbild); 30, 55 (Gierth); Titel, 32, 68 (imagebroker/Dieterich); 9 (Kreutzer); 79 (Wackenhut)
Stadtmarketing Mannheim: S. 15, 61, 63, 86, 89, 106, 111, 112/113
Technoseum, Mannheim: S. 58

Kartografie

DuMont Reisekartografie, Fürstenfeldbruck
© DuMont Reiseverlag, Ostfildern

Umschlagfotos

Titelbild: Blick vom Café Flo auf den Wasserturm
Umschlagklappe vorn: Der Fernmeldeturm aus der Luft

Hinweis: Autor und Verlag haben alle Informationen mit größtmöglicher Sorgfalt geprüft. Gleichwohl sind Fehler nicht vollständig auszuschließen. Alle Angaben erfolgen ohne Gewähr. Bitte schreiben Sie uns! Über Ihre Rückmeldung zum Buch und Verbesserungsvorschläge freuen sich Autor und Verlag:
DuMont Reiseverlag, Postfach 3151, 73751 Ostfildern, info@dumontreise.de, www.dumontreise.de

2., aktualisierte Auflage 2015
© DuMont Reiseverlag, Ostfildern
Alle Rechte vorbehalten
Redaktion/Lektorat: Hans E. Latzke/Ulrike von Düring
Grafisches Konzept: Groschwitz/Blachnierek, Hamburg
Printed in China

FSC
www.fsc.org
MIX
Papier aus verantwortungsvollen Quellen
FSC® C020056